万达新媒体工作法

万达集团企业文化中心 编写

中信出版集团 · 北京

图书在版编目（CIP）数据

万达新媒体工作法 / 万达集团企业文化中心编写 . --
北京：中信出版社，2017.5
ISBN 978-7-5086-7327-1

I. ①万… II. ①万… Ⅲ . ①传播媒介 – 企业管理 –
研究 – 中国 Ⅳ . ① G219.2

中国版本图书馆 CIP 数据核字（2017）第 042033 号

万达新媒体工作法

编　　写：万达集团企业文化中心
出版发行：中信出版集团股份有限公司
（北京市朝阳区惠新东街甲 4 号富盛大厦 2 座　邮编　100029）
承 印 者：山东鸿君杰文化发展有限公司

开　　本：787mm×1092mm　1/16　　印　　张：13　　字　　数：130 千字
版　　次：2017 年 5 月第 1 版　　印　　次：2017 年 5 月第 1 次印刷
广告经营许可证：京朝工商广字第 8087 号
书　　号：ISBN 978-7-5086-7327-1
定　　价：38.00 元

服务热线：400-600-8099
投稿邮箱：author@citicpub.com

目 录

二、向热点借势

三、热点“万达造”

四、技术也为王

前言

打造新媒体生产线

一个集才华与美貌于一身的
企业最牛新媒体的现在、过去和将来

导读

凡是过去，皆为序曲。

还记得半年前，张小龙在饭否上的2000多条日记吗？其中有句话如今说起来一定让你一激灵——

“如果说产品做的一切都在满足用户的虚荣、热闹、逃避、贪恋等，那么，大众同样都有受虐的心理，为什么不做一款产品去虐待他们？”

现在，他如愿以偿，你每天抱着手机离不开，这就是他对你的“虐待”。可为什么偏偏是张小龙呢？当时他可是被某大报点名批成没前途的人呢。

其实，原因只有一个，就是他对产品有信仰，他始终相信，只要坚持、极致，总有一天会看到曙光。

在正确的道路上“死磕”，其实未必有明天，但一定会有收获，

做事如此，人生更是如此……

今天我们这本书要讲的，也是一个关于创新和死磕的故事，故事的主角就是我们——万达集团新媒体，我们岁数不大，两岁，正迅猛成长……

2014 年 4 月份，我们开始筹划做新媒体，当时微信公众号的第一波红利早已过去，但是“互联网思维”是个什么东西，“如何跟互联网发生深度关系”是那个时候每个企业必须面对的问题。如果不能及时抓住，你不但会错失风口，甚至也许连潮流的尾巴都没有机会摸一摸，所以，我们也开始探索。不瞒各位，那时我们后台的粉丝数只有 155 个。这是一条并不好走的路，但我们还是一咬牙一跺脚，上了路。经过了一年半的发展，万达新媒体从小幼苗开始，成长、历练，然后成了现在你们所见的样子。

每一个武林帮派都有自己的独门秘籍，都有自己独特的一招致命的招式，身处江湖，没点武功，咋能行走？所以我们一直在修炼，在努力地让自己的致命招式越来越独，越来越毒。

1. 望、闻、问、切

如果你没有动心过，你怎知道爱的滋味？

如果你没有动过心思，你怎知道新媒体的乐趣？

《万达工作法》你们或多或少都看过，右图是它目前的数据截图。

《万达工作法》微信书

这个现象级的传播案例，仅仅是内容劲爆、猛料多，并不足以横扫老中青朋友圈，那它赢在哪里呢？创意！

这里俺们也偷师学艺了几千年前扁鹊大夫那最著名的“**望、闻、问、切**”：望，指观气色；闻，指听声息；问，指询问症状；切，指摸脉象。他老人家要在天有知，绝对不会想到，这几个词其实是给几千年后的新媒体总结的。

望、闻：多角度、全方位细致观察。你做一个选题之前，一定要观察大家的喜好，梳理以往阅读数比较高的内容，并基于此做大数据分析。经过一段时间的观察，我们发现，但凡涉及“万达”以及王健林谈管理类的文章时，大家都会前所未有地关注。由此，我们诊断出了万达粉丝的喜好。

问：深度调查。我们有一个栏目叫“福来 Day”，看起来我们只是发发电影票，但懂的粉丝都知道，你要想得到票，必须给点真建议。根据粉丝们的建议，我们也了解到，人们想知道更多的关于职场以及对于创业方面的建议。

切：就是对症下药了。好的创意一定是有积淀而且是深思熟虑的结果，阅历、认知、判断、魄力、执行力缺一不可！但是，最最最关键的是得有个灵魂人物给你指引、定调，你才不会跑偏。不瞒各位，我们团队有个“最强大脑”，我们每一步前行都离不开他。“创意好不好，有个好领导”，这话绝对是真理，否则，你还想做创意，就连几篇像样的文章你都写不下去。

所以，我们就开始筹备了，一股脑把万达 27 年的工作精髓提炼给你，让你可以学起来，能有借鉴，还采用微信书的形式，免费给你，你是大大地赚了啊！

2．创意来了，如何接招？

2015 年年会上，王健林饶有兴致地唱了一首流行于上世纪 80 年代的摇滚歌曲《假行僧》，视频一经发布，火爆全球，点击量很快突破 25 亿。

王健林在 2015 年年会上演唱《假行僧》

这样一个热点事件是偶然吗？当然不是！任何时候都不要相信天上掉馅饼的事，凡事预则立，不预则废，这可是老祖宗告诉我们的真理！未雨绸缪，提前谋划才有可能做出一个好东西。

一个热点的火爆首先要有创意！这个热点的创意咋来的呢？就是我们在人群中，只不过对晚会节目单多看了一眼，再也没能忘掉它的容颜。

于是，文案就围绕着穿西装的首富、61 岁的首富唱摇滚，这两个具有强烈反差的点展开。从标题到行文秉承着“**好奇害死猫体**”原则。

“**好奇害死猫体”是啥？**说白了就是吊胃口不偿命体！这是你们最喜欢的一种风格，不是我说你们，就喜欢搬着小板凳坐那看热闹是不是，嘴上说不是的，心里都默认了吧？

“首富今年年会唱了什么歌？听首富唱摇滚是一种怎样的体验？能把万达高管惊了的歌声是什么效果，是震惊还是惊吓？”话说，万达高管一直是一个神秘群体，他们在外人眼中是以超强执行力代表出现的，外界曾把他们定义为“黑衣人”，大风大浪都见过的人都惊呆了，得多好听才行？我不信你不好奇！

标题定了，文案有了方向，下面就是视频剪辑了。视频要出现好的效果，必须经过剪辑，一个好的剪辑能让一个视频大放异彩，万达君也不懂，但俺们有个专业团队，节目一结束就连夜剪辑，天还没亮就搞定了，标题、文案、视频都有了，把它们揉在一起，翻炒、爆炒、加点油、加点盐、出锅！

创意能否落地，不但要有巧妙的包装技巧还得有有力的团队配合。这样的干货在本书中会有很多，保证你目不斜视、目不转睛、目瞪口呆、目不暇接。

3．传播分阶段，步步出奇招

本书中，还会涉及一些大型活动、会议的传播报道方法及技巧。怎么把你的新闻做得既能起到新闻宣传的效果，还能有趣有味，这也是有步骤、有打法的。

在策划前，我们会问自己这样一个问题——粉丝凭什么看你的企业活动报道？对啊，人家凭什么？

所以，站在粉丝立场去思考问题很关键！但是，你满脑子想的都是粉丝，那么你也会输，做宣传一定要始终有一条红线在心——任何传播手段都可以上，但核心就一个，把要传播的内容搞到最大化。

于是，我们的策划原则一般分为三步走。（1）未雨绸缪、提前铺陈；（2）面面俱到、重点突出；（3）找到爆点，快速出击。

以 2016 年万达年会为例。

预热阶段，我们准备了一周的时间，在此期间我们着重报道万达 2015 年大事记以及各个系统成果盘点，这里面有 H5（运用 H5 技术实现的一种动态页面，常见于微信朋友圈），有海报，还有各种图文设计……总之，一桌子各个菜系都有，看得你一定一边流口水一边好奇它们的味道。

年会当天，考虑到粉丝的偏好，我们事先策划了万达“洋面孔”以及傣秀两篇稿件，并于大会结束后第一时间对万达年会数据以及万达企业社会责任回顾进行编辑，王健林发布工作报告后不到半小时，整个年会报道已经传遍全国。可见，企业重大活动报道不但要提早策划，还要出手快。

随后，我们以“首富”和“摇滚”这两个点为策划点连夜策划、编辑，第二天天一亮就发布出去，瞬间引爆。紧接着，我们又以“首富的三大爱好”为切入点，制作了一个 H5 进行传播。一周内，微信微博传播量达到 2 亿，并连续三天登上微博热门话题榜，直接拉升视频总点击量超过 5 亿。

4．善用新技术，尝试新玩法

有一个观点，觉得有必要分享一下。

库兹韦尔在《奇点临近》一书中提出“加速回报定律”，据他的计算，整个 20 世纪 100 年的进步幅度，在 21 世纪只要 20 年就能达成，也就是说 2000 年的发展速度是 20 世纪平均发展速度的 5 倍。按照这个理论，人类在 21 世纪的科技进步将是 20 世纪的 1000 倍。

这么快的进步速度靠什么支撑，文明？没错！但是最具有颠覆性的，一定是技术的进步与驱动。这种技术的颠覆体现在各行各业，当然也包括新媒体，这个对新技术最为敏感的行业。新媒体时代，技术也是生产力！

尽管图文、视频以及各种各样的 H5 已经是每个新媒体的标配了，但是，仅有这些是远远不够的。所以，要不断尝试新技术，尤其是颠覆性的技术，这样才能让你的内容插上翅膀。

今年，我们又做了一个爆品。在合肥万达城开业当天，我们推出了这款爆品。光在微信上，就有 250 万的 PV（页面浏览量），23 万次分享，传播层级更达到了 77 个层级。

它一镜到底，类似于俄罗斯套娃：第一幅画是第二幅画面中的插画，第二幅画是第三幅画的电视画面……镜头无限往后推，一镜到底的同时，也激发你对下一个场景的好奇，颇似于卞之琳《断章》中的“你站在桥上看风景，看风景的人在楼上看你”。

所以，新媒体不仅仅是内容为王，还得是新玩法的训练场。万达的新媒体活动与产品之所以好玩，就是因为一直绷着“创新”这根弦。

于是，2015年的第三季“万达好声音”时，我们玩了一把“人品现形记”。

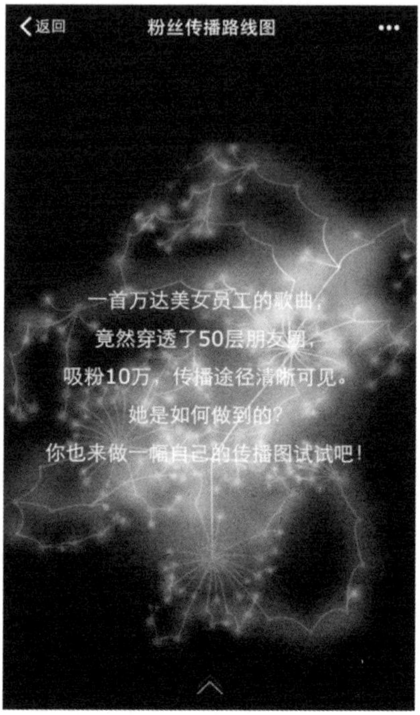

“粉丝传播路线图”H5

你见过右边这种图吗？谁是你的真爱粉，谁是你的僵尸粉，一目了然。

这是微信传播路径第一次展示在世人面前，大家都惊呆了，原来自己在朋友圈这么有影响力，当然，有的人的影响力一开始也不咋样，但为了让自己的面子好看，也铆足劲转发，这样内容传播这个雪球就越滚越大，不到一天的时间，这个活动的传播PV就达30万。抓住人们好面子、虚荣这个人性弱点，也可以为传播所用，谁能眼睁睁地看着自己的人品暴露无遗呢？

除了这些技术层面的玩法，我们还搞了一件大事，真的是搞！大！了！

2016年9月25日，“万达自媒体联盟成立暨企业自媒体趋势峰会”在合肥万达城召开。万达集团代表、100家微信公众号自媒体、企鹅号等六大自媒体平台代表、联想控股等企业代表出席峰会。会上，万达集团和100家社会化自媒体宣布成立万达自媒体联盟；万达集团旗下公司600家自媒体集体入驻企鹅号等六大自媒体平台；万达等 9 家企业共同发表《企业自媒体合肥宣言》。**这标志着万达自媒体传播进入新阶段，由以自身能力建设为主向着社会化整合、平台化应用的新模式发展，将对企业与自媒体生态产生重要而积极的影响。**

而在此一年前，即 2015 年 11 月 22 日，万达新媒体联盟正式成立。经过系统整合的万达新媒体联盟，能做到随时启动，及时联动，形成一呼百应的传播阵势，对提升万达企业文化凝聚力，推动新媒体营销传播有巨大的促进作用。听起来很官方？其实，你想想一呼百应，几百个号一起发内容的场景，还是很震撼的。效果？目前王健林唱摇滚的视频之所以全球火爆，除了内容本身有爆点外，新媒体联盟的合力传播功不可没。

我们为什么这么做？因为，一个人跳舞很劲爆，但一群人跳舞一定更精彩。所以一定要联合起来，一起做大事。

凡是过去，皆为序曲。

任何时候，我们都要向前看，

万达新媒体未来会变成怎样，其实我们比你还想知道，

但我们很清楚，每天一点一滴的努力与创新，一定会让它越来越好。

我们都很想看它未来的模样，你呢？

序言

他们说

搞这样“性感”，思聪知道吗？

导读

如万达这般，却可以身段百变，上接首富下接地气，真是门本事。

作者：新榜创始人、CEO　徐达内

清明节，我带着全家五位女性去都江堰、青城山拜水问道，在路过了满山遍野的油菜花后，突然，人山人海、彩旗招展、锣鼓喧天，那家伙，车堵半道上了。定睛一看，赫然写着“万达文化旅游城”，袍哥婆娘们在这里享受人间繁华。具体的娱乐形式包括打麻将、喝盖碗茶，以及跳广场舞。

我得承认，看到“万达”这两个烫金大字的一刹那，我的内心异常激动。因为我这才想起来，还欠着这一篇稿债。天哪，我还忙着游山玩水呢。

因为工作的关系，我订阅了不少微信公众号，但因为不是处女座，对绝大部分表示“未读”的小红点我是视若无睹的。但是，“万达集团”是一个特例，特别要说明的是，这可是一个被归入企业类别的新媒体账号，你懂的，企业主办的微信公众号多半就是自吹自擂呗，可看性通常是负分。

万达不一样，我并不是个趋炎附势的人，也绝不是来追捧“国民老公”或者“国民公公”的，你看看人家的自我介绍就会明白——“万达集团官方微信，为你准时推送有料、够味、性感的干货和猛文；不间断推出各类线上创意活动，不只好玩，还能中大奖……”

你见过别家企业新媒体用“性感”“猛文”这样的词来招揽订阅吗？（请忽略杜蕾斯。）

我有时也纳闷，搞这样“性感”，和思聪有关系吗？于是，第一次与万达新媒体的朋友们当面交流时，我屏退闲杂人等，咬着耳朵问了这个。人家理了理西装，直视我的眼睛，一字一顿地说，“没关系，他不是我们这条线的，不管我们这个”。

好吧，我只能承认万达的“性感”是天生的。我喜欢大尺码的性感，就像安吉丽娜·朱莉，或者巩俐，既给我性感，又给我安全感。

在这本秘籍里，我看到一个小标题叫作“硬内容软下来”，这个是真的好。太多企业新媒体的特长是反过来的，是“软内容硬起来”，明明是可以春风化雨润无声的东西，硬被他们搞成了让人敬而远之的暴风骤雨。《万达好福利之净化器、厕所》《万达年会之手稿、K 歌》《万达工作法幕后那些事》这几篇，我都是见识过朋友圈刷屏的，相信很多人和我一样，就算起初是因为王健林董事长的歌艺而产生了好奇心，但是看到文终并按下转发键，才醒悟，自己又当了一回“自来水”。

万达新媒体联盟也是一个足够惊艳业界的创意。虽说这年头，联盟太多，自媒体都快不够用了，但由一个企业发起，涵盖集团及下属系统共 451 个微信号，粉丝 1607 万人，微博账号 404 个，粉丝 2594 万人，再加上覆盖 38577 名员工的 510 个微信群，好吧，又得用上宋丹丹那句台词了——人山人海、彩旗招展、锣鼓喧天。

最难能可贵的是，万达在绝大多数人心里，是一个如假包换的传统企业啊。像 BAT（百度、阿里巴巴、腾讯）这样的互联网巨头，利用先天优势，把企业微信、微博玩得风生水起，那其实并不算太难，而如万达这般，却可以身段百变，上接首富下接地气，真是门本事。

听了很多大道理，却做不好一个微信号，这样的故事在中国每天都在发生。讲台上的教授、论坛上的嘉宾，总是能谆谆教诲到你觉得醍醐灌顶，但真正落到每天的实操运营时，才会发现“百无一用是书生”，道理都对，就是没用。**万达这本秘籍的好处就在于实用。**做个 H5 容不容易？容易。但启动页面怎么设计、转发标题怎么设置？这个才叫干货，实践出真知的干货。

关键还是在于用心，在于热爱这个企业，热爱这份事业，能够从企业的细节中找出传播点，善于议程设定，善于借势营销。

我创立的新榜致力于构筑中国移动互联网内容价值标准，很有幸为万达的企业新媒体事业提供过一些咨询评估服务，也见证着万达的企业新媒体在新榜发布的多项榜单中一直名列前茅。天道酬勤，天道酬智。

或许，你的企业没有王健林、王思聪这样自带光环的代言人，但是，只要用心，同样也能榜上有名。王健林在《假行僧》里是这么唱的：“我有这双脚，我有这双腿，我有这千山和万水。我要这所有的所有，但不要恨和悔。”

它正在中国企业传播当中走出一条新路

导读

在新媒体当中，取新者得天下，得势者获用户。

作者：清华大学教授　沈阳

一般而言，我们把新媒体分为政务新媒体、自媒体、传媒新媒体以及企业新媒体，企业新媒体在整个新媒体的生态系统中起着非常关键和重要的作用，这种重要性将会随着整个互联网生态的演化逐步提升。

企业新媒体将如何改变企业的生态体系，这是一个大问题。企业新媒体今天所处的环境已经跟三年前有非常大的不同。受众已经普遍完成了移动转型，媒体也在融合中迭代，政务新媒体也取得了不错的进展。至于自媒体则更加踊跃，充满着内容创业的激情和梦想。企业新媒体，作为四大新媒体之一，自然而然也将受到更多从业者的关注。我相信，很多企业都是需要进行新媒体转型以及“互联网+”变革的。

企业新媒体，也许会有两个核心演化方向。第一个方向就是基于大数据的受众分析，大数据意味着超能力；第二个方向就是基于企业自身供给侧的互联网改造。这两个方向形成了相互交织的矛盾运动。

企业新媒体，需要把大的内容变成小的碎片，把重的表达形式转变为轻的表现手法，把严肃的内容转换成轻悦的素材，把充满了商业气息的信息传播转变为饱含情怀的情感传播，把机构行为转变为虚拟的人格魅力体。

万达新媒体正在中国企业传播当中走出一条新路。从企业的战略思维、顶层设计，到产品规划、设计实现，乃至于和用户的互动，都是企业新媒体可探寻的执着点。

在企业新媒体发展过程当中，可以遵循四个原则。

第一，坚持未知原则。要用穿越者的视角来审视当下的场景，自然而然就有了商业决策的提前量，就能够充分地获取技术平台变迁的红利，也就能够在商业竞争当中赢得话语权和消费者的心。就能够在政策法规、资本、受众和技术之间形成最大获益矩阵。

第二，坚持未来原则。当技术正在快速迭代时，我们需要充分探讨每一种技术所蕴含的量变到质变的转折点，从小众到分众媒体的变化关键路径，由此，我们可以得出一个结论，每一种新的媒体出现时，当它的受众达到分众级别时，就是我们应切入的一个黄金时刻，而在这一点上万达往往敢于尝试和突破，这值得赞许。

第三，大数据原则。大数据是媒体竞争的最核心的关键。终端的竞争最终将取决于云端，我们平常看到的，“三微多端”表面的纷繁复杂繁荣，实际上，都还是基于云端数据的聚合、推荐、智能分析和有序管理。万达正在尝试着用大数据对整个企业的“互联网 +”转型做一些探索。

第四，社群化原则。人和人之间在移动互联网时代，从未有过如此之近的距离，社群能够抵御互联网平台的变迁，能够由小众向分众出发。联盟能够把 to B 的专业领域的人士群聚为具有垂直的高度生产力的社区，在 to C 的领域能够引发受众的广泛情感共鸣和消费冲动，因此万达企业新媒体联盟在中国企业传播中是一种启蒙的现象。从 0 到 1 亿，虽然是一个数字的跨越却饱含着一种观念的变革。

由此看来，在新媒体当中，取新者得天下，得势者获用户。

祝福万达的新媒体做得更好。

一、

寻找“软柿子”

“尖叫”案例！万达食堂、农场就这样引爆朋友圈

导读

新媒体要敢于为自己“带盐”，只需3个要素！都齐活了，你没准可以掀起一场朋友圈风暴。

没有一点点防备，也没有一丝一毫顾虑，它就这样侵袭了你的朋友圈。在2015年夏天，有一组稿件让人们整个夏天都沉浸在羡慕嫉妒恨中。

2014年6月30日，万达集团官方微信发布了一篇名为《有一个地方，它有6点“牛”过部委食堂》的稿件。文章发布后，迅速被新浪乐居、地产邦等众多自媒体大V转发，引爆网络，保守估计阅读人次突破800万，这还仅仅是微信一个平台的数据。而且有细心的媒体甚至做了专题盘点各大企业食堂，一时间，食堂吃得好不好，成为鉴别一个企业是否是最佳雇主的最直观判断标准。自夸，空口无凭，先亮食堂。

紧接着，万达新媒体又发布了《猪都定期体检！带你走进神秘的“特供”有机农场》，这篇文章讲的是万达专门为了特供食堂，在北京延庆花重金买了相当于两个昆明湖那么大的地方专门用来种植有机农作物，养殖生猪、牛、羊、鱼……**此稿一出，大众的情绪被刺激到了极点。**

这组触碰到大众痛点的报道到底说了什么？先看图，解解馋。

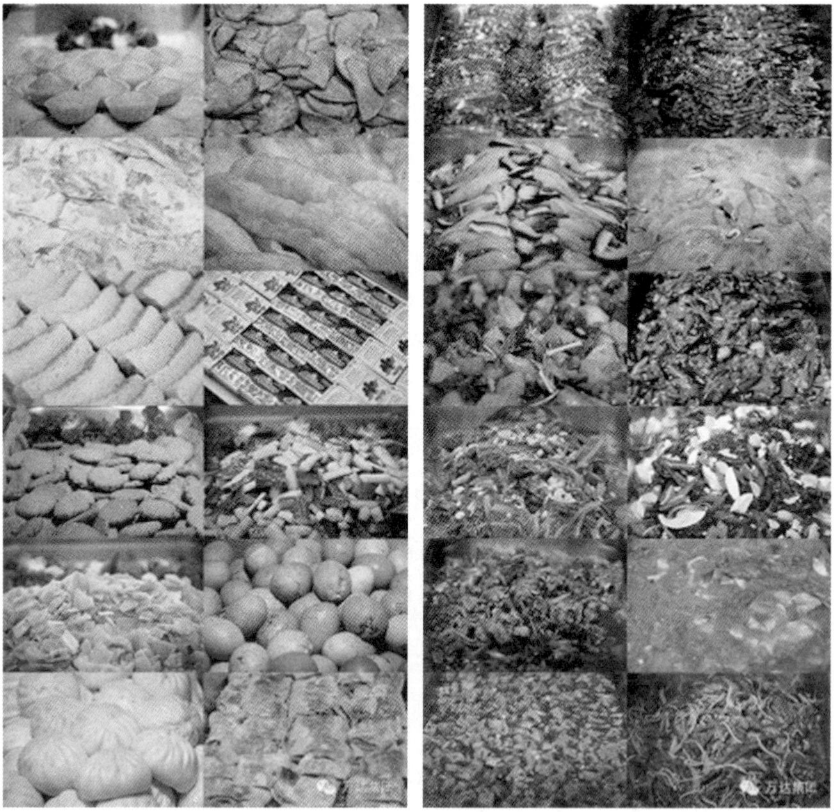

万达食堂菜品图

万达有机农场

我不会告诉你，这组稿子对企业品牌的影响是多么多么多么深、深、深……

这样的传播，给万达带来了什么？在新媒体时代，一个好的创意和宣传方式，会给企业带来什么？

不知道从何时开始，土豪这样的标签被大众狠狠贴在了万达身上，“土豪”一般是形容一个人奢侈浪费，又土又豪。可是，万达是这样吗？除此之外，外界还认为万达管理严格，是一个冷冰冰不近人情的企业，军事化标签也明显得很。

这组稿子出来以后，大家看到了一个与以往认知不同的万达。大家首先看到的是一个饭菜丰富、管理有序、员工工作严谨的食堂，透过食堂这个最容易被企业忽视的地方，发现原来万达对员工这么好，不仅如此，为了食品安全，还专门为员工建了一个农场，做万达员工不要太幸福。很多粉丝在微信后台留言："原来身为一个万达员工这么幸福，我再也不说你们土豪了。""连食堂都能做到这样，其他的业务能差吗？""万达食堂要人吗？万达最近有招聘吗？"这种广告效应，可能比在央视做个广告来得更直接。

这个稿子也告诉外界，在万达，互联网应用已经无处不在，即便是在你注意不到的食堂，都已经开始利用大数据进行有序管理了。

玩转新媒体传播，得做对这三件事

企业新媒体怎么玩，如何才能更好地为企业发展做好宣传、做好服务？

在这组稿子出来之前，万达人都知道，万达食堂的饭菜不仅是自家农场特供，而且环境堪比五星餐厅，管理也是极为严苛、细致，偶尔你要想吃麻辣香锅、麻辣烫、水煮鱼这样的重口味了，给食堂官微"食讯达"留言即可，他们会择时安排给你做顿解解馋。这么好的事，外界根本不知道。

不仅如此，万达还有很多好的做法外界并不知道，比如万达如何高效开会，万达如何招人用人、万达如何做计划等等，外界也不知道！如何让企业内部的好东西、好做法传播出去，更好地塑造万达在公众中的形象，并通过传播真正给别人启示呢？显然，仅靠传统的媒介沟通方式已经不能满足我们的需求了，所以，新媒体要敢于为自己"带盐"。但是，你以为盐是你家的，想带就能带啊？**你得具备这样 3 个要素，齐活了，你才有可能在朋友圈火一把。**

1．要不时跳出企业，抓粉丝的痛点

企业宣传最大的问题是，三句话不离企业，时刻都站在“我”的角度考虑问题。这无可厚非，你必须卖力吆喝才能聚来人气，但如果你不考虑粉丝的心思，不研究他们想什么，就算是红包发到破产、H5炫酷到家、码字吐血也不会有人买账。当然，发红包一定会吸引来粉丝，但是发完之后呢？这样的粉丝是忠实的吗？

企业做新媒体，互动不能少，**但比互动更重要的是，你要站在别人的角度去弄点他想看的东西**，想办法让他尖叫，这样他就会渐渐认同你要表达的价值观、文化，甚至是你的广告，才会自发为你“带盐”，这可比你自己“带盐”省时省力省银子多了。

这组食堂、农场报道，为什么能火呢？就是因为它抓住了职场人最大的痛点——没有食堂的人每天上班最痛苦的事就是周围的饭店被吃黄了一拨又一拨，但还是不知道中午吃什么；虽然有食堂，但那饭菜，就跟吃药一样，难以下咽；每天想吃顿干净的，可是地沟油无处不在，吃着吃着觉得生命中不能离开香喷喷的地沟油了；一个月就挣5000块，可一顿饭最便宜也要30块。

万达的食堂是怎么做的呢？它每天菜品都不一样，每周一换菜谱；它不但免费，而且三餐十分丰富、干净卫生，全部基地特供……有热心的万达同事算过，按照这样的饭菜标准，在外面一天三餐最少得100块，这么算下来，食堂一年的投入不少，而且，光建一个农场的费用就是几千万，更别说运维了。花这么多钱，仅仅是为了满足员工的胃，为了让他们吃得舒心、干净，这在中国企业绝对不是什么普遍的事。这样的举动不但抓到了职场人的痛点，更重要的是刺激了他们的槽点——为啥人家万达就可以，我们的公司

就没食堂？我们的食堂为啥就这么难吃？找到痛点，顺便刺激刺激槽点，你的传播就成功一半了。

2．要有用，重要的事情说三遍

仅抓住痛点就能引爆朋友圈？我只能说，你那叫显摆，不叫传播。

一个好的传播，不仅要时刻关注粉丝的痛点，还能从痛点入手，深入挖掘企业内部好的做法。这样的内容才有力量，才能对别人有价值！“有用”才会让别人为你免费“带盐”。

这组报道其实并没有把重点放在痛点上，而是从痛点出发，梳理万达管理中与众不同的做法。它从食堂的管理下手，梳理了食堂每天每周每月的各种会议，各种评测，饭前菜品的测试，48小时留样；梳理了农场的管理办法——人有时忙起来无法定期体检，而在万达农场，猪都是定期体检的，种菜的大妈也要严格按照密密麻麻的制度来执行，作物需要什么样的肥料也有严格的标准……这些惊人的管理做法，将万达严格的管理暴露无遗。

这些做法并非举世无双的独门秘籍，你也可以学起来，用起来，所以，对企业来说，这组报道有了标杆和借鉴意义，甚至会让人反思，“为什么我没有想到这样的管理办法，我怎样才能快速严格管理？”有用的东西，自带光环，反正以后看不看的，我先收藏起来再说。

3．要绞尽脑汁，眼睛时刻聚光

做企业新媒体传播，最关键的是，你的眼睛要时刻聚光，该看

的一定不能错过！一旦发现，要绞尽脑汁做文章。

在万达，本身有很多值得借鉴和推广的好办法。比如，与其他企业办年会吃吃饭、走个红毯、抽个奖、随便表演节目不同，万达的年会堪比春晚，而且王健林的歌喉也很了得；万达的制度很严格，女员工裙装的裙边与膝盖的距离不超过 10cm，这些细节通过我们前段时间发布的《万达工作法》你也知道了，之所以它们能被挖掘出来，那是需要一双善于发现的眼睛啊，小一点没关系，聚光就行。

其实，你的企业也会有好的工作方法、亮点，甚至是一些好玩的八卦，就看你慧眼是不是聚光了！

去年年底，网络上有篇名为《为什么我不愿意做企业新媒体运营》的稿子挺火，当然它也抓住了一部分人的痛点和认同点——企业新媒体运维不好做。你不但要能写会编，还得能做图能设计能策划能忽悠能和大 V 共舞，这一切必须在固定时间完成，确实不易。要是好做的话，企业还到处高薪招聘新媒体运营人才干吗？

说到底，这就是为自己的不走心不走脑找借口。别人那么多成功的案例，都是出现在梦里吗？

所以，选人也很重要。你选的人靠谱吗？ TA 能对企业的历史及文化信手拈来吗？ TA 能不时跳出站在粉丝角度考虑问题吗？ TA 有一双聚光的小眼睛吗？ TA 能随时绞尽脑汁去挖掘企业内部的好内容吗？如果答案是肯定的，那么恭喜你，你的传播离刷爆朋友圈不远了。

如何才能让人羡慕嫉妒却恨不起来？泄密了

导读

什么样的细节可以挖掘？怎么挖才能既不嘚瑟还把正事办了？有 3 点小心得，只要把握好度，你的企业形象也会瞬间爆表。

如果说，前文那组与吃有关的策划为企业如何做传播指了一条明路，那么下面要讲的这两件事，就是我们在这条道儿上进一步的探索和尝试。

先说第一件事。

2014 年 10 月的北京，早已步入仙境。大家一个个化身段子手在朋友圈调侃，然而除了抱怨与各种借古讽今，谁能有好的解决办法？ 10 月 11 日这天，是 2014 年北京雾霾最严重的一天，好多小学停课放假了，那些挣钱的大人们只能呼吸着毒气该干吗干吗。

这个时代，谁不怕雾霾？谁还敢说我不在乎？在家，我们可以买个净化器，那么在工作场合、公共场合呢，谁来保证我们的空气质量？

万达办公楼内与室外空气质量对比图

我们能做点什么呢？除了把自己抗霾的好方法分享给更多的人之外，似乎再无其他办法。毕竟，与员工同呼吸共命运这事，还得你们老板自己上。

这是啥？在北京 CBD 万达广场的每一个你能想象到的角落，

你总能看到它，并且，每个厕所都有一台，周围的空气，那味道也是极好的。它每天 6:30 准时上岗，晚 8:00 正常下班，比你还勤快呢。它的日常维护由万达北京商管公司负责，每 10 天清洗一次净化器的内胆，并且定期邀请北京市产品质量监督检验院专业人员对 B 座办公区进行检测。专业检测啊！！！

看到这，如果你是员工你什么感觉？如果你是老板呢？后来，大家都知道了："空气净化哪家最好？建国路 93 号。"

再说第二件事。

我们把比万达食堂更有味道、更有魅力的一个地方挖了出来，吼吼吼！它就是万达那让人欲罢不能的厕所。

万达的厕所到底好在哪里呢？说几个细节吧。万达的每个厕所都是自动换马桶坐垫，而且常年保持在 38℃，坐上去那感觉，别提了。

一个小小的厕所，这个被众多企业忽视的地方万达是如何管理的呢？每天要不定期打扫，一天至少 20 次。打扫卫生的阿姨也是两人倒班，一个负责上午，一个负责下午和晚上。洗手液永远没有按不出来的时候，你也绝不会遇到厕所上一半，被逼无奈发短信、打电话叫别人送纸到厕所的情况。看完后，就一个冲动，一定要先在万达食堂撮一顿然后上个厕所。

鸡汤文里不是说了吗？"真正的宠爱是在别人看不到的地方对自己好。"万达宠爱员工可真不是嘴上说说。

这样的小事或许在很多企业每天都存在着，但为啥很多好的做法，外界不知道呢？笔者有次去南方某著名企业学习，就在厕所看到了他们的护手霜居然是娇兰的，手欠地翻来覆去看了几遍，没错，就是那个法国娇兰！他们会议期间还会提供自己制作的茶点……他们对员工如此大方，如果不是亲身经历又有谁知道呢？

新媒体时代，当别人都铆足劲去展示企业形象时，你的低调并不是什么好事！那么，什么样的细节可以挖掘？怎么挖掘才能既不嘚瑟还把正事办了？**有 3 点小心得，只要把握好度，你的企业形象也会瞬间爆表。**

1. 前凸后翘，有猛料

首先你得把事做到那份上了，你才能有底气说话！你是否给员工提供了一个良好的环境；你是否有食堂，如果有，味道如何；你是否给员工提供培训，如果有，效果如何……如果对于这些问题你自己都回答不上来，那就算猴子给你请来救兵，也于事无补。

比如万达净化器这事。2012 年，空气说坏就坏了，万达的领导们一合计，不能让咱员工天天吸毒气啊，然后就花 400 万给写字楼加了一个“口罩”——静电除尘设备。其原理很深奥，只知道装了这个，空气中 90% 的脏东西都能被过滤掉。后来，雾霾越来越严重，2014 年 3 月份，为了进一步治理万达广场办公区 PM2.5，万达领导们又一合计，花几百万在办公区、公共区域设置了 257 台、3 种不同型号的独立的空气净化器。

这种硬件不是自己长出来的，是领导们“合计”出来的，所以，万达的食堂好吃，万达的空气清新，都是有原因的，诸位“一把手”们，你们得反思一下哟。

有硬件做靠山，自夸起来腰不疼了，腿不酸了，也有底气了，也敢萌萌哒了。

2. 巧妙借力，顺势而为

这两年，每个站对风口的猪在传授经验时，都会说一句：要借力，要顺势而为。表面看，这句话很假大空——你让我顺势，势在哪儿呢？

但是真要用在企业传播中时，顺势而为很重要。**别的不说，至少让你的宣传内容有了一个现实的突破口和爆发点。**

我们发布净化器稿件时，雾霾已经持续了一段时间，人们苦不堪言，本来淡漠的人群，因为一个个的口罩，气氛更加凝重。此稿发出后，让已经对环境不抱任何希望的人们眼前一亮——就算大环境改不了，至少室内空气质量还是可控的。

再说说厕所！其实在食堂稿件火了之后，我们就想做厕所了，只是怕倒你胃口，所以一直憋着，憋着，直到有一天出现了“足迹”，这是在2015年三四月份最火的APP，我们顺势做了一组大片，怎么样，来感受下它的“魅力”——

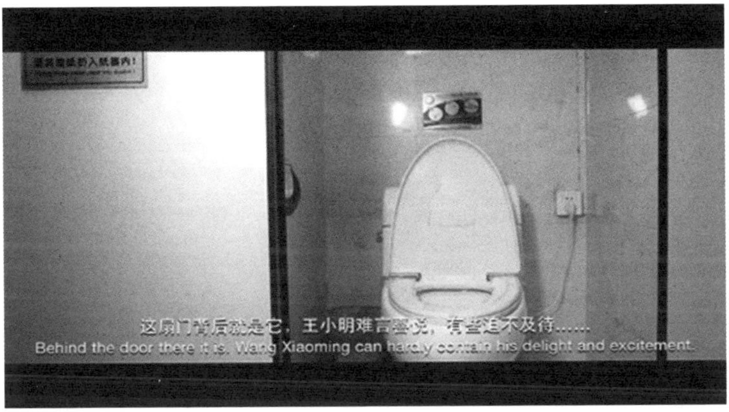
这扇门背后就是它，王小明难言喜悦，有些迫不及待……
Behind the door there it is. Wang Xiaoming can hardly contain his delight and excitement.

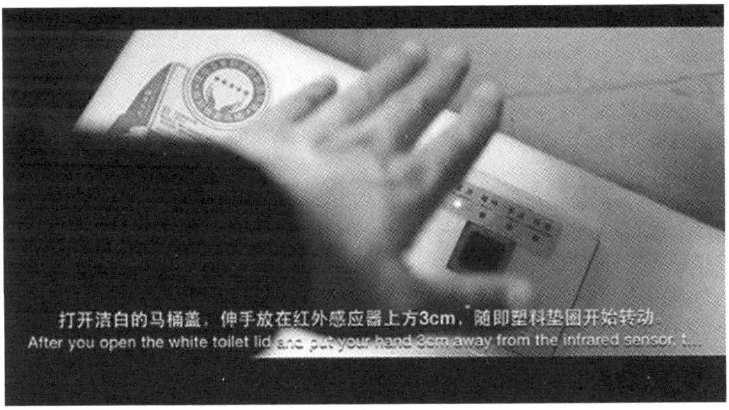
打开洁白的马桶盖，伸手放在红外感应器上方3cm，随即塑料垫圈开始转动。
After you open the white toilet lid and put your hand 3cm away from the infrared sensor, t...

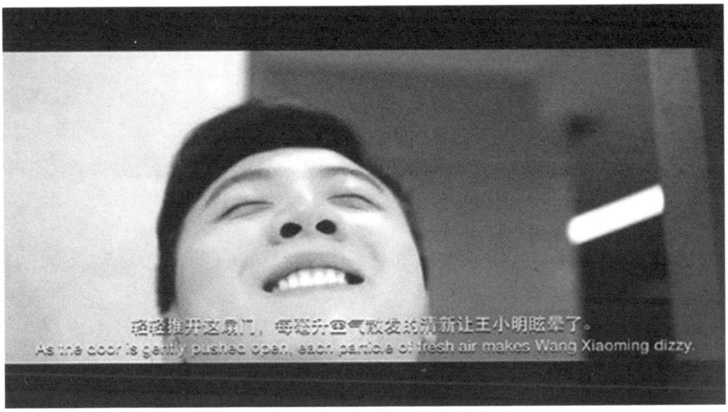
轻轻推开这扇门，每毫升空气散发的清新让王小明眩晕了。
As the door is gently pushed open, each particle of fresh air makes Wang Xiaoming dizzy.

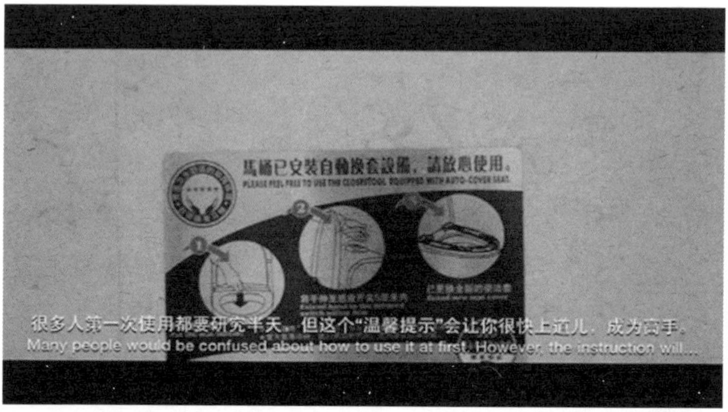
馬桶已安裝自動換套設備，請放心使用。
PLEASE FEEL FREE TO USE THE CLOSESTOOL EQUIPPED WITH AUTO-COVER SEAT.
很多人第一次使用都要研究半天，但这个“温馨提示”会让你很快上道儿，成为高手。
Many people would be confused about how to use it at first. However, the instruction will...

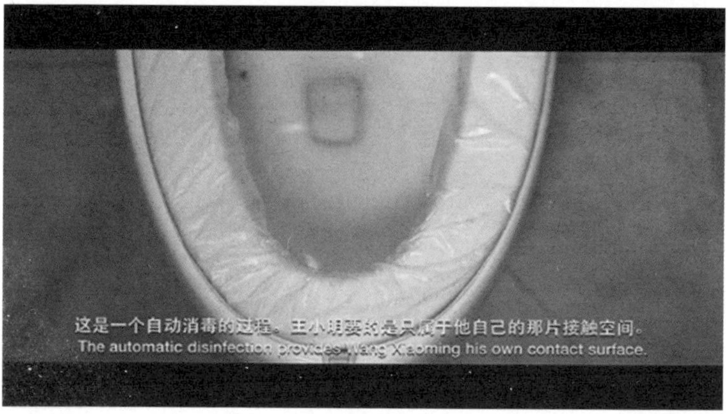
这是一个自动消毒的过程，王小明要的是只属于他自己的那片接触空间。
The automatic disinfection provides Wang Xiaoming his own contact surface.

不管寒冬还是炎夏，它常年保持在38度，轻轻坐上去，那感觉王小明懂，你也懂。
The temperature of the lid is constant 38 degrees centigrade all throughout the year. Wan...

3. 你有一双灵巧的手吗

与食堂农场案例一样，这两个案例并非需要深挖的猛料，都是所有万达人每天都能看到并享受到的福利。好的素材就在那里，而且在你眼皮底下存在了多年，如何把好的做法给“抖搂”出来呢？

这不但需要一双聚光的小眼睛，更需要一双灵巧的手。**如何把企业内部那些细碎的细节串起来、包装好，让人看完不会觉得你在显摆，靠的就是这双手。**你的稿子哪里要着重笔墨，哪里需要一笔带过，哪里需要添加更引人思考的内容……背后始终都有这只手。**与其说“这只手”是幕后操作者的阅历、经验、对热点的敏感把握，不如说它是对粉丝心理把握的到位。**

在大雾霾天，如果万达新媒体只谈万达每个角落都有净化器，从头介绍到尾，你什么感觉？你肯定会忍不住骂出来。但是，这只手很快将笔墨引到企业对于员工的关爱上来，当更多地介绍万达为了让员工能呼吸新鲜空气这些年做了什么努力，投入多少，高层无时无刻不在合计这事的时候，你还会觉得这是显摆吗？

你的朋友圈是否也会被《如何做出一条阅读量“10 万 +”的文章》《如何快速涨粉》这样的文章刷屏呢？我们不会告诉别人如何快速涨粉，因为每个能够做大做强的号付出的努力并不是一两篇文章、几个雕虫小技就能搞定的，那种付出，经历过的人都懂。但是，你一定不要沉默，不要低调，要时刻关注企业那些可以和大众兴趣点发生关系的亮点。

真不是吓唬你，如果你再低调下去，你错过的就不仅仅是风口这么简单了，你很可能被新媒体营造的舆论场所遗忘，到时候，你失去的不仅仅是曝光量，而是你的整个品牌，所以，该出手时就狠狠地出手吧！

遇到大事如何做策划？说到底就俩字

导读

如何让你的内容与你的需求最大化地匹配，并做出各种牛气的案例，其实说到底要对自己所处的平台以及服务的企业有充分的认识。

咱中国人都有个毛病，谁也别不承认——一边喜欢“事不关己，高高挂起”，一边喜欢“看着热闹唱着歌”。最著名的例子，你可以从鲁迅的作品中找到，甚至到处都是。遗憾的是，即便是过去的时光碾压到了现代，这种与生俱来的人性始终随处可见。

但凡他们“看着热闹唱着歌”并“拍腿叫绝”，那说明你的事已经做到一定水准了。时代变了，酒香也怕巷子深，如何通过新的传播手段来宣传提升自己的品牌形象，是你必须要做的事。本文就谈谈，**如何做出一个让别人忍不住抱大腿的策划。先透露个核心机密——把大事当成小事来办！把握好这个基本原则，你就成功了一半。**

“每一件事做到极致”，“把小事当成大事”，是我们耳熟能详的工作方法，但是做策划的时候，你得反着来，即将任务拆解，然后把每个小任务像穿项链一样穿起来，最后再系个漂亮的蝴蝶结。别惊讶，这招没准你马上就会用上了。

1. 未雨绸缪、提前铺陈

在万达，每年都有两个固定的大会，一个年会，一个半年会。有人开玩笑说，这是一年中最重要的两个时刻，在这两个会上，王健林会给万达员工打两针“鸡血”，这两针“鸡血”究竟多有效，你看万达年会王健林拿出来的沉甸甸的数据就知道了。另外，据说，万达的很多变革、新举措，都是从这两个会上发出的，谁敢不重视？

遇到这种大事，提前一个月那都少说了。来，先看看我们的策划。

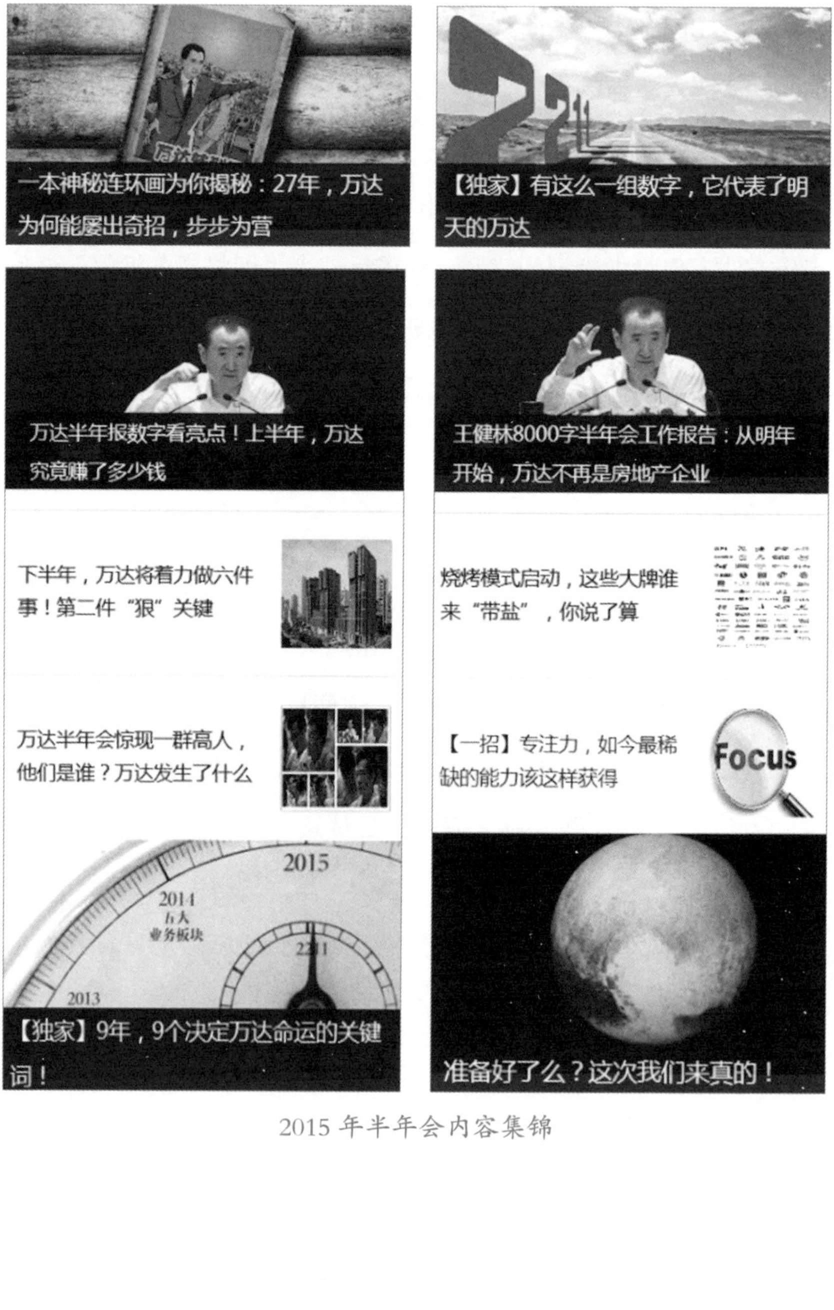

2015年半年会内容集锦

这是万达半年会我们做的策划的内容集锦。

从这张图，你可以看出，为了 2015 年半年会，我们连续推送了 6 天的内容。整个策划的主题是什么，前中后期宣传的侧重点是什么，推送什么样的内容粉丝才会买账……这些都是要提前考虑的。

咱一步步分析。

首先主题怎么确定的？ 2015 年初，万达提出了第四次转型，这是万达历史上重要的发展节点。2015 年初，王健林提出万达全面开启轻资产模式，所以，在这个会议上，我们猜测一定会对轻资产以及转型有较大篇幅的详细部署。

找到了方向，开干。

怎么干？前中后宣传期发些什么？ 回顾历史，展望未来，我们也不能免俗，所以，前期我们主要是梳理历史。比如“一本神秘连环画”的 H5，画风复古，并采用章回体写作方式，看到它就仿佛穿越到了 27 年前，跟着这本连环画一起重温万达那段峥嵘岁月。

紧接着，我们专门梳理了 2006—2014 年，王健林在半年会工作报告中提到的关键词，比如 2006 年，他提出了五年发展目标，即到 2010 年总资产达 500 亿元；再比如 2012 年他提出的

万达转型记

关键词是“文化”，那一年成立了文化集团。梳理完，我们抛出了一串问题：今年他的关键词是什么？会提出“互联网 +”轻资产？新万达？会有什么样的大动作……

第三天，2015 年 7 月 11 日，半年会如期召开。这天，我们的重要动作就是发布会议重要信息，在这一天的头条，我们做了一个小创新——“一台打印机”。虽说万达成绩与数字很惊艳，但是不要指望粉丝能感同身受，让他们参与进来，他们才会对你有所关注与了解，所以，给他们一台打印机，自己把报告打出来吧。

第四天，我们发了一组海报。这组海报以“对每个人很珍视的数字”为主题，梳理了人们生活中各个阶段有意义的数字，然后最终引出，那么对万达来说最重要的数字是什么呢？直接引出了万达此次转型王健林提出的目标——到 2020 年万达要实现“2211”。

2211 宣传海报

第五天，也就是半年会两天后，王健林那“鸡血”满满的工作报告全文首发。内容全部是“干货”的报告一直以来都是众人追逐的焦点，不愁没读者。为何选择两天之后才发而没有当天发？这就是策划的节奏！一股脑儿打下去，很有气势，但是“一鼓作气，再而衰，三而竭”在此时并不是好战术，只有循序渐进，迂回起伏打下去才有力量。如何让“新闻”更有热度，把猛料放在最后为上策。此时，大会结束两天，外界都虎视眈眈地等着这个报告，火候正好。

按理说，又热了一轮，满足了，齐活了！但是第六天，我们又发了一个 H5，恰逢这天发现了“另一个地球”，跟我们策划的“万达号宇宙探险”十分契合。于是，借着这个热点，我们的半年会又热了一天，可别小看这一天，微信上的热点，即便是《穹顶之下》这样的爆点，热度也就持续两天，我们借着热点持续了一天，赚啦。

2. 面面俱到，重点突出

海报、精品文案、H5、重磅文章、精彩花絮一个都不少。这就好比做了一桌子菜，有水煮肉片、炒肝，还有小鸡炖蘑菇，虽然属于不同菜系，但你总能从这一桌子菜中找到你爱的菜。所以，我们的原则除了未雨绸缪、提前铺陈外，就是面面俱到，但重点突出。

这里要说另外一个案例。

2015 年 9 月 26 日，万达西双版纳国际度假区开业了，这是万达开业的第一个文旅项目，万达能否 PK 香港迪士尼，就看它的表现了，所以它的开业意义非凡。这么重要的一件事，我们是如何处理的呢？

当然，我们也遵从前面的原则，未雨绸缪。提前一个月，去踩点、调研、采访，把西双版纳项目摸底清楚后，就开始了我们的策划。因为是“双骄”（主题乐园与傣秀）开业，所以，前期的节奏是西双版纳主题乐园，我们集中报道了主题乐园那些全亚洲最牛的设备，看得人心潮澎湃，心驰神往，心怀不轨……等大家意犹未尽时，又给大家发了一个 H5。

“西双版纳”项目 H5

这个神秘的H5，为大家营造了一个神秘的空间，在这个空间里，你能实现梦境般的移动。

2015年9月26日当天，同惯常操作一样，我们发了一个消息，大事件不愁爆！但是，真正的爆点其实不是这个，而是它。

这篇稿子，看着也没什么爆点范儿啊？它做对了什么呢？

大家别忘了，这可是万达继汉秀之后的第二场大型秀的首秀，而且还是出自德贡之手。傣秀首演不同于汉秀，它更内敛、低调一些，看过了汉秀的大场面，也已经知道了德贡（弗兰克·德贡是世界舞台艺术第一人，世界最著名的几台大型舞台秀，如美国拉斯维加斯的“O秀”“梦秀”和澳门的“水舞间秀”均由其策划导演）

这是万达保密措施做得最好的一个项目！昨晚，它全球首“秀”

2015-09-25 万达集团

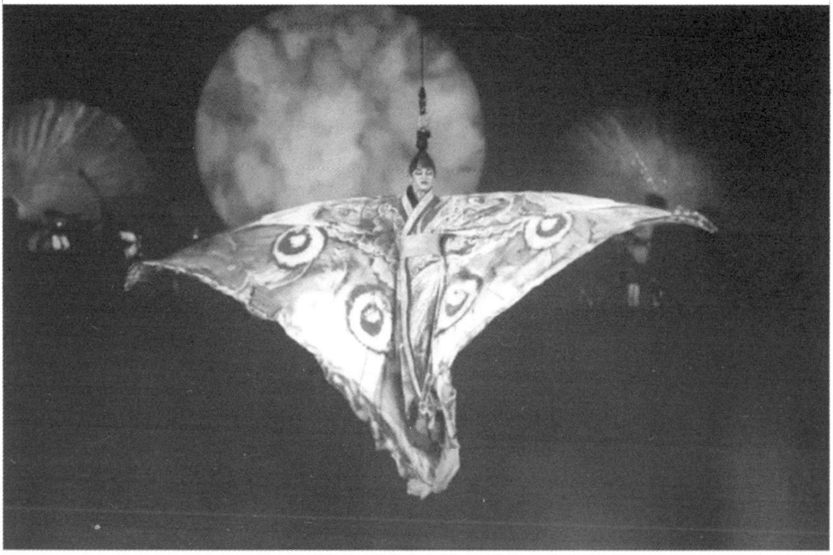

傣秀首演

的套路，人们其实对它的期望值并没有那么高；当然还有一部分人，就等着首演完第一时间给你差评。

总之，各种氛围都散发着一个词：质疑。

所以，我们立马做了首度揭秘傣秀细节的报道——现场直播舞台演员与观众的现场表情与反应，完美的场景设置、精彩纷呈的演出，以及震人心魄的动效、台上台下频繁有趣的互动……一场无与伦比的演出跃然纸上、美不胜收。

看完好奇心满足了吗？有吐槽或者点赞的欲望吗？想和汉秀比较比较吗？有冲动想去看看吗？你的答案一定是肯定的！所以，它不是爆点，谁是？

3. 找到爆点，临门一脚

做了那么多，必须找到一个刺激大众的点，才能把所有的策划激活，才能让宣传有冲击力，才能轻松横扫老中青。新闻常有而爆点不常有，它挺调皮的，有时候藏得很深，有时候其实就在明处，只要你脑子转个弯，爆点就来了。

发现爆点第一步：找你自己最关心的点。你自己都不关心的话题，别爆出来。这里不仅仅需要过自己的心理关、判断关，更重要的是对未知保持充分的好奇心，这是你随时可能发现灵感的关键。

发现爆点第二步：不要简单粗暴，要迂回着拐着弯地来，拐着拐着就找到了。不是让你绕弯子，是让你跳开直线思维，绕到另一思维路径上去，往往会有新收获。

2015 年半年会报道

经过以上两步，爆点基本就能被你拎出来了。

还是万达半年会的例子。其实，整个策划非常全面细致，报告本身就是一个爆点，即便不找新的爆点也已经能打 90 分了。但是，我们还是逼了自己一把。

这个为什么火？如果直接告诉你，万达要开拓一些新任务，你肯定没兴趣，顶多就是打开扫两

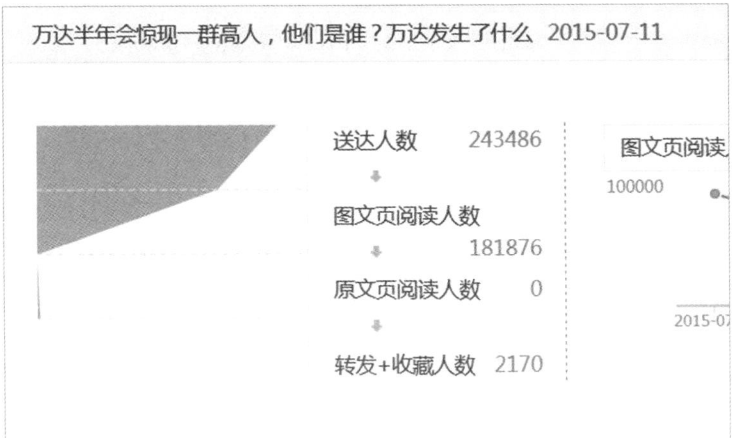

2015 年半年会报道阅读情况

眼。但是，我告诉你这个公司出现了一些新面孔，而且都是叱咤风云的高手，还是一齐大规模地亮相，你肯定很自然地去猜测这些人都是谁，来干吗？这个公司发生了什么变动？将有何大动作……绕开传统的思维路径，不直接写大会参会人员多少，多庞大，而是从参会人员的“面孔”这个点出发，绕着绕着就把人们那隐藏心底的好奇小火苗全给点着了。

对了，靠着这三点，万达2015年年会报道又打了一个漂亮仗。与半年会唯一的不同就是，这次的爆点更多，这次的传播更为火爆！具体是什么，你们看看右侧这两张图就能回忆起来了。

2015年年会报道

王健林唱摇滚

发现没，无论是未雨绸缪，还是重点突出，还是临门一脚，**最核心的仍然是内容**，内容的价值毋庸赘言，就从现在开始流行的内容创业你就能看出内容的价值已经到了一个可以换真金白银的阶段，但是你的内容准备好迎接这种大势了吗?

如何让你的内容与你的需求最大化地匹配，并做出各种牛气的案例，其实说到底要对自己所处的平台以及服务的企业有充分的认识。比如我们做内容，我们自己首先要对万达这个企业的历史、战略、企业文化、未来目标等大方向的东西有清晰的认识，然后随时关注万达发生的每一件事，对自己的企业保持十二分的好奇。除此之外，要对新事物保持好奇心，要时刻关注业界的新玩法，在遇到事的时候能将好想法、新技术与事件进行无缝对接。

说到底，还是需要“走心”，一颗对未来充满好奇的心，一颗不停追赶前进的心，一颗时刻保持战斗的心，一颗靠谱的心。

万达工作法诞生记！做爆品，逼疯自己并不够

导读

花钱不少、绞尽脑汁不少，但仍罕有让人尖叫的爆品出来，毛病出在哪儿？

这不是段子，而是真事——羊毛出在猪身上，狗却死了。中国移动和中国联通死磕了这么多年，没想到，微信才是其真正的对手；国美和苏宁掐，大中没落了；最近，针对的哥的电台节目收听率也不行，不是因为节目不好，而是司机都忙着用滴滴接活，顾不上了……

俗话说，你永远不知道哪片云朵下雨。很多时候，没有刀光剑影，没有轰轰烈烈，就是那么轻轻一下，不费吹灰之力，就把你灭了。时代如此！人亦如此！

今天就讲讲，为了不被“灭掉”，万达新媒体把自己逼疯的一个典型案例。

《万达工作法》是万达集团 2015 年最火的一本书，没有之一！

它是万达第一本微信出版读物，字数不算多，四五万字。它借助微信这个载体，把新技术融入；它全部免费，只要你能看到书的链接，这本书就是你的了；它虽是一家企业工作方法的结集，但却迅速击穿老中青各个圈层，所有人都好奇，这款爆品是如何想到、做到并传播到位的呢？

因为，它从一开始就不是"三无"而是"四有"产品——有创意、有策划、有内容、有技术。所以，它不红谁红？但是，要把这四件事给拧成一股绳可不是个容易的事，它把人逼疯了……

1．逼疯自己第一步：狠挖爆点

做《万达工作法》之前，万达集团企业文化中心就为何要做一本这样的书论证过很久。做这本书对我们来说价值在哪里？对别人的价值又是什么？这关乎初心，只有坚定初心，才能沿着正确的路走下去，不会跑偏。**当时，我们是这么考虑的：**

万达经过 27 年的发展，历经四次转型，每一次都能踩对点，这除了与王健林本人的眼光和谋略有关系外，更重要的是什么呢？**这正是我们要挖掘的爆点。**

经过一年左右的微信运营，我们发现但凡涉及万达管理类的文章时，大家会前所未有地关注。比如《王健林：很多高管做不到高处在于情商很低》《王健林：一个单位风气正不正关键在于一把手》这样的管理类文章阅读量奇高。

这个时代，创业的人越来越多，但越来越不知道该怎么管理，所以一次性把万达 27 年的工作精髓提炼给你，让你可以学起来，能有借鉴；如果你是职场人，这本书就是一个好的学习方法集锦，你能学会很多优秀的工作方法、实招。

这就是创意的来源。一件事能不能成，创意是最最关键的。但是，人们在谈到创意时，往往把创意归结为偶然的灵感，确实有很多人的灵感是在梦中出现的，那其实是你日有所思导致。灵感绝对不是你想有就能有，你以为乔布斯往那一坐，啥也不干，苹果就诞生了？好的创意一定是有积淀而且是深思熟虑的结果，阅历、认知、判断、魄力、执行力缺一不可！想做爆品，团队得有一个这样的“最强大脑”，我们这就有一位，我们每一步前行都离不开他的指引。他谁啊？反正是大牛，还很帅。

创意有了，问题又来了！这么多好方法，写哪个呢？当时，**我们反复琢磨定了三个标准：特色、有用、开放但不露底。**但是，即便如此，可写的内容也很多，第一版目录，梳理了包括开会、面试、如何用人等 25 个选题，经过反复斟酌，最后只确定了 16 个选题。从 25 到 16 变化的看上去只有数字，但是这是一个割肉的过程。

有的内容“有用”得太个性化，比如万达的干部任用标准。还有一些东西坚决不能碰，我可以分享，但我不能露底，这是任何分享的原则和底线，万达也不例外。于是，领导带着一帮人开了大大小小十来个会反复琢磨目录，争论得脸红脖子粗，终于确定了这些精华。

但头疼的还在后面，该如何找到合适的人、合适的料呢？

这就体现出万达自己人的优势了！为什么有很多料都是首次被外界了解，那是因为身在企业，对企业的历史和文化有更为深刻的理解，也更善于抓到爆点。另外，谁叫咱脸熟呢，大家也愿意把更多的细节详细地介绍给你，你看到的王健林的敬酒路线，万达年会的那些让人惊呆的细节，都是这么挖出来的。

所以，不要指望什么外部的写手，挖自己的料，还得自己来。

2. 逼疯自己第二步：说人话，说人话，说人话

说人话，说起来容易做起来很难。

在万达工作法中，有篇文章是模块化。单听“模块化”这个弥漫理工色彩的词是不是就失去了阅读的兴趣？奇怪的是，这篇文章的阅读在整本书中的阅读数还挺高，而且多次在微信推送，次次都是刷屏，好奇怪……俺们到底做对了啥？

首先，扒皮模块化。模块化是什么？它是干吗的？它在万达工作流程中扮演什么角色？通过和万达计划部以及多个项目公司的沟通，终于了解到，原来这正是万达超强执行力的幕后推手。模块化是把所有的工作都纳入系统内，并拆分成300多个节点，通过红绿灯来督促人们按照节点来完成任务。

那它到底神在哪里呢？不瞒各位，万达君自己智商余额不足啊，于是找了一个例子。拎出了大家比较关注的点——为何万达每年的半年会、年会都会预测的下半年、第二年的数据与实际数据基本上没有太大偏差呢？通过这个大家比较好奇的点去探究到底是怎么个管控法。节点是什么？节点就是接力棒，如果一个环节出问题，就像接力赛中接棒失手，产生被动局面，项目越走越困难，所以节点是环环相扣的。看到这，一个枯燥的管控系统就变得有意思，亲切多了。

说完人话，剩下的就是打磨、打磨、再打磨了。

16篇稿子，写作4个月，但是打磨就花了一个月的时间。

比如，万达高效开会这个稿子。它痛击职场人的首要痛点——

每天泡在云山会海，但效率奇低。3000多字的稿子，磨了至少10稿。你当你是特稿呢，还享受这待遇？磨完了文字表达方式、行文逻辑后，该万事大吉了吧？这只是完成了一半，你还得磨配图——图片是实图还是设计图，图片上要呈现什么，如何呈现，也要一遍遍地磨。等这些都磨完，一篇稿子才算完工。看看效果，似乎逼疯自己也值得了。

3．逼疯自己第三步：是骡子是马牵出来遛遛

一个产品好不好，用户说了算！既然打定主意要做一个爆品，就得让粉丝有认同感，有亲近感，甚至参与感。

所以，我们做了一个大胆的决定，把万达食堂这个稿子发出来。稿子经微信公众号发出后，那是红旗招展，锣鼓喧天，现在你随便在大街上抓个人问问，哪个企业食堂最好，百分之一百二的人都会告诉你——万达。

这次试水不但提升了企业美誉度，还收获了很多宝贵建议。有粉丝建议，万达可以多做些由这些小事引出的强大管理，有代入感，可读性强，而且能记住你们的方法。有粉丝说，小事能做成这样，你们的制度到底强大在哪里，于是我们在写《如何做制度》时，找的点就会更加细致，挠人痛点。有粉丝说，万达食堂肯定不少花钱，那万达是如何花钱的呢？于是我们在采访万达如何做计划的时候，就有侧重地问了万达花钱的诀窍。

这样的试水，为后来采访的细致以及内容的扎实奠定了一个特别好的基础。

4. 逼疯自己第四步：找到新玩法

酒再香也怕巷子深，所以，让美酒声名远播，得有新玩法。来来来，先扫码玩一把。

《万达工作法》微信书二维码

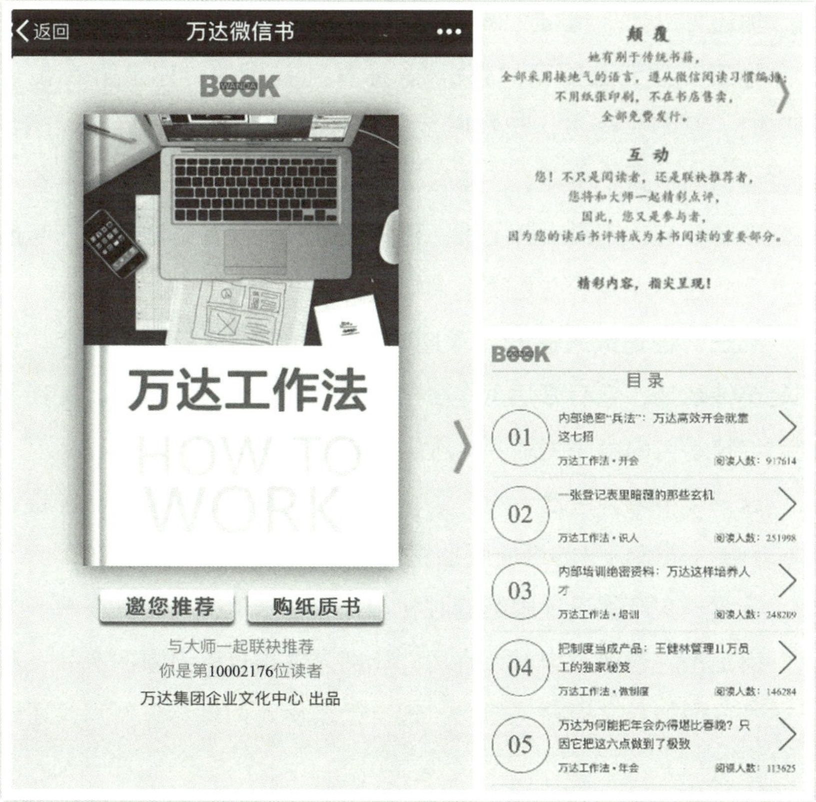

《万达工作法》微信书

打开第一页，就是一本书的封面。指尖轻滑，就进入了序言（自夸），然后进入目录，内文……我们就是想为你呈献一本书的样子，只是它是在线的，并且全部免费。

其实，把它扔在浩瀚的 H5 海洋里，既不起眼更别提炫酷，为何就火了呢？**因为它做到了别人往往忽略的 3 点。**

第一，它充分尊重粉丝的阅读习惯。像翻书一样，随意滑动，甚至模拟翻书的动作，这种体验很爽，翻完了，你想吐槽，好！给你地方专门供你吐，吐出莲花喇叭花都没人管你。如果你喜欢其中一篇，但并不喜欢整本书，没关系，你可以随便收藏、转发任意篇目，你还可以分享到朋友圈，分享到你的好友群。

第二，细节上要有“心机”。你看到首页的“你是第 N 位读者”时，是不是会想，既然那么多人都看了，即便不是一本好书，我也应该知道这个事儿，手不自觉地就点了吧；突出“邀您推荐”，还跟大师一起，不说大师是谁，诱惑你继续，我都能跟大师一起推荐了，我还不点开看看是哪个大师？

第三，也是最关键的。看过这么多的 H5，你记住了几个？它不是单纯炫技，它有万达工作法这个强有力的内容做后盾，实现了创意、技术与内容完美结合，所以才有了这款爆品。

这三步下来，人已“疯”了。目前，这本书的阅读数已经超过 970 万啦，而微信书的纸质版也发行超 10 万册。

这是一次产品设计思维的胜利。我们从未觉得自己是在做一本书，而是把它当成一个对人有用，让别人觉得价值无限的产品，基于此，我们把自己逼疯。但是，把自己逼疯人们就会买账吗？还缺一样东西——

前段时间共享经济最为典型的代表 Uber 大火，他们的创始人特拉维斯 · 卡拉尼克在清华做了一个演讲，提到一个重要观点：要能够创造魔力！

魔力是什么？他认为：如果可以帮人们赢回更多时间，甚至比他们原来预期可以节省的时间更多，那么就已经创造了魔力。如果可以给用户带来很大的喜悦感，那么就已经创造了魔力。最后，如果用户在一天内获得更多的收入，甚至超出了他们原来的预期，或者让他们节省更多的开销，那么就已经创造了魔力……**说到底，这个魔力的核心就是“超出预期”。**

这正是产品设计思维中最为重要的一点，也是打造一个爆品最关键的一环，少了它就算你疯了也没有用，所以你得做点超出别人预期的事。做产品如此，做传播何尝不是如此？

二、

向热点借势

一个母亲节的活动，还能玩出花？是的

导读

你都不敢自嗨，还想让别人关注你、了解你、喜欢你，有这样想法的人，在电视剧里最多活一集。

“年年岁岁花相似，岁岁年年人不同”。唐朝的刘希夷做梦也不会想到，自己这首拟古乐府中的两句很无奈的、有点悲伤的诗句，竟然是送给千年后那些在每个节日忙着借势的新媒体人的。

看吧，大大小小的节日，各种H5、海报、策划从手机冲进你的视线，让人目不暇接，不知所措。你们不借势会死啊？当然不会了，但肯定会被借势的人的积极与凶猛羞愧死！

坦白说，母亲节父亲节儿童节等等，这种节日借势挺难的。**这种节日跟品牌有什么关系呢，该如何让人们既能沉浸在母亲节的氛围中，还能把品牌、企业文化等进行很好的植入和宣传呢**，可愁人了！

母亲节举牌活动

其实，这就是个普通的举牌活动，主题是“妈妈，母亲节快乐，我在万达挺好的”。似乎毫无新意，不就是个举牌子吗，流行多年了，但是，效果很惊艳。不仅瞬间刷屏，这种创意方式也被很多人认可，不信你看连严肃的检察官和交警都学起来了，你还敢说不深入人心吗？

这只是前奏……

第二天，我们放出了更猛的——与妈妈视频电话。这事，还从来没人干过。我们的模特全部是万达各个系统员工，呈现的是他们与妈妈视频聊天的截图。齐刷刷上百张，让人感受到的不仅仅是万达员工对于母亲的爱，那强大的执行力震撼到你了吗？

母亲节活动——与妈妈视频电话

好了好了，吹牛结束，咱说点干货！这样一个有情有义阅读数还爆表的活动是如何做出来的呢？

1．想要让人印象深刻，先做好这三点

这个活动为啥能让人印象深刻呢？其实做对了这样几点。

形式简单，易于操作。在这样一个 H5 大行其道的新媒体生态下，大家看惯了那么多的 H5，也想回归纯朴，看点简单的东西。其实，人都懒，除非你做的能超越吴亦凡，很多情况下，因为流量、网速原因，人们其实懒得点开。我们这个创意，不仅形式简单，其实成本也简单，就找了 A3 纸，写几句话，拍张照片，然后编辑下，齐活了，不需要什么物料啊，这费那费的，成本几乎为零。

无孔不入，巧妙植入。你不是雷锋，做活动不能光图一乐呵，也得让人们记住点什么，得逮哪儿植哪儿。我们是咋干的呢？第一步，不经意间露出了自己的好福利。比如，把自己吃得白白胖胖告诉妈妈，我们这食堂吃得可好了。第二步，有意识植入。把广东万达城下雪了、长白山风景如画、西双版纳的异域风情等等融入主题中，你觉得有违和感吗？其实，这些都是万达的项目。

颜值是第一生产力！如果凤姐和志玲姐姐同时为一款产品代言，同时推出广告，但是凤姐的更炫酷，你会点击谁做的广告呢？无论你多么好奇凤姐的广告，但都会本能地先点开志玲姐姐的对不对？你的心和你的身体都是诚实的，所以，既然做活动，颜值是你必须考虑的，你可别不当回事。

2．让人心神不宁，还得神魂颠倒

上面的那组大片发送后，朋友圈沸腾了，大家热议最多的已经不是万达员工颜值而直奔让人羡慕嫉妒恨的福利去了。

这里要插一句，什么才是好的新媒体活动？一定是能给人触动，并引发大家思考的活动。不管你如何植入，但只要你最终，啪地一下击中了人，那么这个活动就是成功的。如果说只是让人羡慕嫉妒恨，只能说这个活动让人心神不宁了，但是绝对没让人神魂颠倒。于是，还得有更猛的。

我们这些做子女的，考上大学就离家漂泊，上了班就不停拼搏，可是有多少人能静下来想想，我们努力是为了什么？其实，大家的追求都很简单，就是过上有亲人陪伴的幸福生活。但是，你总是想不起给他们打电话，即便想起来，也就是简单的："爸你吃了吗？我妈呢？"然后就挂掉了；你总不记得回家陪他们，每次都是："妈，我不回去吃饭了，别等我。"说的是你吧？

齐刷刷几百个视频截图映入眼帘，你敢说不震撼，你敢说没有一种冲动去给老妈打个电话？这就是我们活动的目的，不但让人温馨，还让你行动。

3. 绝不一个人跳舞，要"群魔乱舞"

与妈妈视频通话这个创意，看着就是贴出几张图，好像很简单。其实，非常难操作！

首先，你得保证双方手机要能进行视频通话；其次，员工和员工妈妈得愿意出镜给你当模特；最后，也是最关键的，得聊出点能足以展示的料，也就是得让植入巧妙且自然，并能通过对话展示出来，所以，如果没有什么真实的料，想聊都难。

一个小小的万达君为何能做到一呼百应呢？可没那本事！主要是因为我们有个秘密武器——看，又提新媒体联盟了。透露下，它的工作机制是，凡遇到重大事件，一声令下，火速执行，那执行力和传播效果你是无法想象的。

这个活动，从策划到执行再到成文仅仅用了不到5个小时。除了新媒体联盟的团结协作外，支撑这个新媒体联盟能够发挥强大威力的，是万达超强的执行力。万达的执行力有多牛，请详见之前出版的《万达工作法》。[在这里都能做广告，我都想为我的才华鼓掌。]

4. 自嗨！自嗨！自嗨！

提到新媒体活动，人们总喜欢把“参与感”拎出来，然后想当然地认为，只有粉丝参与进来，才能玩得转。可是，如果不是一个好玩的事，谁会跟着你参与呢？所以，第一步一定不是参与，而是“自嗨”。

自嗨不是让你孤芳自赏、嘚瑟、自顾自地，而是让你在感动别人的时候，先把自己感动得稀里哗啦，进而感染别人。把更多人感染了能和你一起嗨，才是企业文化活动的真正要义。

企业微信号跟其他公号的运维有所不同，它必须聚焦企业本身，所以不管是借势、造势，必须把握一点，这事必须与我有关或者使之与我有关，否则，就算这个事惊天动地、刷满屏，对不起，关我啥事？

我们总会问自己一个问题：别人为什么要关注一个企业号？**通过实战并通过成熟的案例进行分析后，得出来这么两点结论**：一个是企业的业绩、战略等等，以及一把手的思想、格局、管理经验等等；二就是企业里的人与事。企业里的人到底是怎样的人，他们每天在做什么、玩什么、关注什么，这些其实是大家非常关注的。

所以搞清楚了人们为什么关注你，那你就别那么扭捏，自嗨起来！你都不敢自嗨，还想让别人关注你、了解你、喜欢你，有这样想法的人，在电视剧里最多活一集。哈，说到底，就是让你知己知彼，把自己的事先整明白，然后再感染，这样才能百战不殆！

一个意外电话让我们知道自己“火”了

导读

2015 年 7 月的一天，央视《开门大吉》节目组来电话，想拜托我们邀请一个叫陈云林的人上节目。他们怎么会找到我们？陈云林又是谁？

来，先看一组图。

央视的人说，就是这个活动让他们发现了陈云林。**之所以能“惊动”央视，我们琢磨了一下应该有两个原因。**

原因一，声势够大。这个新媒体活动发生在2015年父亲节前夕，我们征集了上千名公众对父亲的祝福视频，并在父亲节当天，由全国110座万达广场的大屏幕上24小时滚动播出。作为“城市中心”的110座万达广场，在父亲节那天全国得有多少人进进出出观看视频？这阵势平时也就在电视上见到吧，但这次，我们整出了个现实版。

原因二，感情够足。视频中一位主人公的故事与《开门大吉》节目组的嘉宾定位十分契合。《开门大吉》作为央视一档大型益智游戏类综艺节目，鼓励普通人通过游戏闯关的方式实现自己的家庭梦想，挖掘、展现普通人的人性光辉，和观众进行情感共鸣。万达新媒体的父亲节策划视频里的主人公之一——陈云林，正是他们苦苦寻觅的典型人物。

父亲节的祝福视频在万达广场的大屏幕上播出

着急想知道究竟是什么故事是不?

陈爸爸曾做过两次大手术，共缝了90多针。第二次手术后，他不顾劝阻第一时间返回修路现场。他用双手一点一点开凿修建了一条路，为村民带来福利。而他在《开门大吉》里的“家庭梦想”还是继续修路，最后他闯关获得了10000元的家庭梦想基金。歌手江涛更是来到现场为陈爸爸深情献唱经典歌曲《愚公移山》。

如果说“惊动”央视有一定偶然性，但是这个新媒体活动如此之“火”，可在我们意料之中哟，因为它经过详细周密的策划。**这也是万达新媒体策划活动的基本原则之一：“不打无准备之仗”。**

父亲节飙泪大戏诞生记

父亲节前夕，万达君和同事们就在策划，最后主题出炉：“给爸爸一个惊喜”。惊喜怎么呈现，如何送出，惊喜到什么程度?

第一步：深挖！先给万达员工的父亲一个惊喜。

好的活动得有背景，这次背景不光是父亲节，还和万达员工有关。还记得《万达工作法》里讲的吗？万达做活动，要“拴住”人心。所以第一步，我们从万达员工身上找素材，送惊喜。经过仔细选择、访谈，最终我们决定拍摄三个极具代表性的故事。他们不只展现父子情，也侧面彰显了万达员工的风采。

第一个就是你刚才看到的现代版“愚公移山”的故事。第二个讲的是一段望子成龙却被儿子教育的故事。一个钢铁工人花巨资培养儿子学音乐，但是儿子却最终与音乐之路背离，现在是万达文旅规划院的一名行政主管，他不光工作出色，在“万达好声音”、演讲比赛中也因为较高的艺术素养取得了骄人战绩。这也让他的父

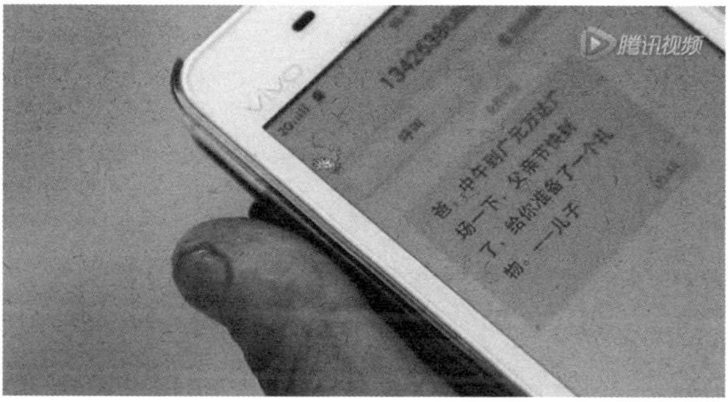

陈云林收到儿子的短信

亲越来越理解儿子的选择。第三个讲的是一个有关父子传承的故事。父子两代人都从事与建筑行业有关的工作，他们之间有理念与观念的冲突，也有父子之间独有的温情。

万达君的同事走访甘肃、唐山等地，拍摄三部微纪录片，最后让儿子们用电话或者短信把父亲引到家附近的万达广场，“给爸爸一个惊喜”。

当三位父亲各自从家赶到万达广场时，大屏幕开始播放儿子们的“深情告白”。

陈晓宇对父亲的“深情告白”

陈晓宇对父亲说：

你在我心里就像大山一样，一直在背后支撑我，现在我们几个儿女都长大了，你也不用再那样辛苦了。你的腿不好，就不要再上山干一些重体力的活了，我知道你在家里可能闲不住，但是也要注意休息，少喝点酒，尽量不要喝了。你也没有什么爱好，你应该给自己找一个爱好，有了一个爱好就不会天天给自己找活干了。

闫超对父亲说：

爸，感谢您这么多年来，对我、对妈妈，对这个家做的一切。还有一个月我就要结婚了，也可能很快会成为一个父亲，我坚信我能做一个好父亲，因为在这 20 多年以来，有您这样一个榜样一直站在我身边。

耿大志对父亲说：

爸爸，首先还是祝您节日快乐，古人都用“家严”来形容父

万达员工父亲节“深情告白”

亲，可是在我成长过程中，您最自豪的一件事应该就是从小到大都没打过我。

这段“深情告白”令广场上的市民都驻足观看，有的人还流下感动的泪水。于是，我们父亲节策划的第一步就算搞定——拴住人心，传递温情。可是这三个故事感人是感人，个人风采十足，但如何扩大影响力，如何与粉丝“发生关系”呢？这是我们思考的下一个问题。

第二步：造势，与粉丝发生联系。

活动前两天开始造势，万达集团官方微信发布了《后天，我们将在 110 个万达广场做一件让你感动的大事》《明天，110 个万达广场将在同一时间同做一件事》。万达到底有什么新动作？这是一件怎样的大事？众多粉丝后台留言：跪求万达君告知，到底有啥事？当然也有一些对此不屑的粉丝：不知道万达君又在出什么幺蛾子，但我拭目以待。就这样，气氛搞起来了……

父亲节，如果你不愿意当面和老爸说心里话，觉得不好意思，我们请你对着视频说；如果你实在没有特别有创意的礼物，我们帮你制造惊喜，这是我们的创意初衷。

在上述三段感人的微纪录片的后面，我们附上一段走心的文案：“其实，我们都有一个普普通通的父亲，但是，当我们真正了解他们的时候，却发现，每一个父亲，都是一段传奇。今天，万达请你说出对他的爱，来吧，大声地。很简单，录制一段视频，说出对父亲要说的话，我们就把它放在全国 110 座万达广场的大屏幕上，24 小时滚动播放，你的爱，你的父亲一定看得到。具体操作：①拍摄一段不超过 90 秒的视频。②视频具体内容包括：你的姓名，你所在的城市，你要对爸爸说的话。”

征集首日，万达君的邮箱就爆了，爆了，爆……

第三步：酝酿感情，给所有老爸一个惊喜。

父亲节当日，万达官微发布一条图文，题为《这正是我们今天要在110座万达广场干的事！你看漂亮吗？》

开头，我们是这么酝酿情绪的。

“他说你不够优秀，但是逢人就骄傲地夸你；他总说，你上了大学他不管你了，但你结婚、买房、买车，他都第一时间把钱打来；他总说好好工作，别挂着我，但每天他都会拿起你的照片看上几遍；他总说自己年轻，可他满头的白发和不再挺拔的身躯早已泄密，他老了，他需要你，哪怕是几句温暖的话。在今天这个特别的日子里，我们会在全国110座万达广场的大屏幕上滚动播放一段视频，献给这世上我们最爱的男人。”

“爸爸我想对你说”百城联动活动

接下来就是我们精心剪辑的视频，看完以后你肯定会特别思念远在千里之外的父亲。

整个活动结束后，我们又做了一篇文章：《我们在 110 座万达广场干这件事，就是想告诉你……》，想告诉你什么呢，正是我们这个活动的初心：一年里，可别就父亲节这天才想起他，他的爱虽然沉默，但我们不能沉默。切题，收尾，就这样。

就是这场声势浩大、催人泪下的父亲节活动，让全国各地的人都体会到万达的细心、温情、高效，也“惊动”了央视。以上就是我们在一个活动前、活动中、活动后做的新媒体传播，你有收获吗？

劈开脑海，他们竟对另一个地球做了这些

导读

北京时间2015年7月24日凌晨，美国宇航局宣布发现“另一个地球”。对于此事，万达新媒体怎能错过？

最接近“另一个地球”的系外行星“开普勒-452b”被发现后，沸腾的不只是那些天文爱好者，还有“借势大军”。众多借势案例中，反应最快、最有效果、最有情感介入的，才是最好的借势。来看看万达系新媒体都干了些什么。

反应要快，还要稳、准、狠

第一，要快速反应，第一时间到达“新闻现场”。“另一个地球”的新闻是在北京时间24日凌晨被报道的，而24日早上6点，万达官方微信讨论群就开始紧锣密鼓地策划借势了。的确，借势策划拼的是创意，反应速度并非第一要义，但是快速反应正体现了强大的执行力不是吗？这也是万达新媒体为什么每次借势都借得那么

漂亮的原因之一。这么夸自己，真的好吗？

第二个考验的就是对品牌的熟识度了。追热点不是心血来潮，也不是见热点就追，需要你对品牌有很深刻的理解。**借势前期思考的逻辑大致是这样的：**新闻点是什么，是否与自身品牌调性相符，如何能与品牌策略相结合，如何满足目标受众的情感诉求。

接下来，上案例！

其实现在人们仍然会关注新闻，年轻人对热点也感兴趣，很多人尤其愿意看品牌借势，觉得“槽点”多，这些阅读心理都应该把握。你的借势策划从文章题目就要抓人眼球，题目里要有与热点相关的信息，如果大家看了题目联想不到热点，那你就白辛苦了。万达官微当天的头条题目是：《敢跟我来一场1400光年的私奔吗？赶紧上船！》，题目里有三个关键词：1400光年，私奔，上船。这1400光年说的是两个星球的距离，只要是浏览过新闻的人都知道什么意思，于是大家就会特别想

《敢跟我来一场1400光年的私奔吗？赶紧上船！》

看；“私奔”这词也不用多说，你懂的；至于“上船”，容笔者卖个关子，一会儿再说。

接下来就是头图和内文配图。看图，亲，有没有发现什么玄机？

两幅图设计的巧妙之处在于，两个星球都设计成了可爱的卡通形象，其中，地球的表面融入了万达的Logo，看着很自然没错吧！这可就已经开始借势了啊，从你看到的第一眼，就把我们想传递的信息慢慢渗透，等你意识到的时候，品牌就植入你心坎里了。

这次借势主题是星球对话，两个星球如何对话，往下看。

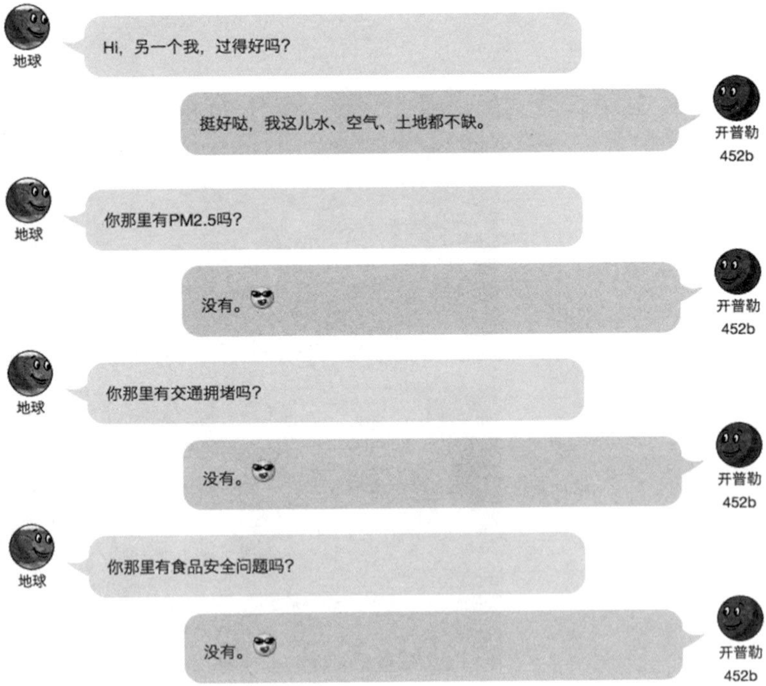

两个星球的对话

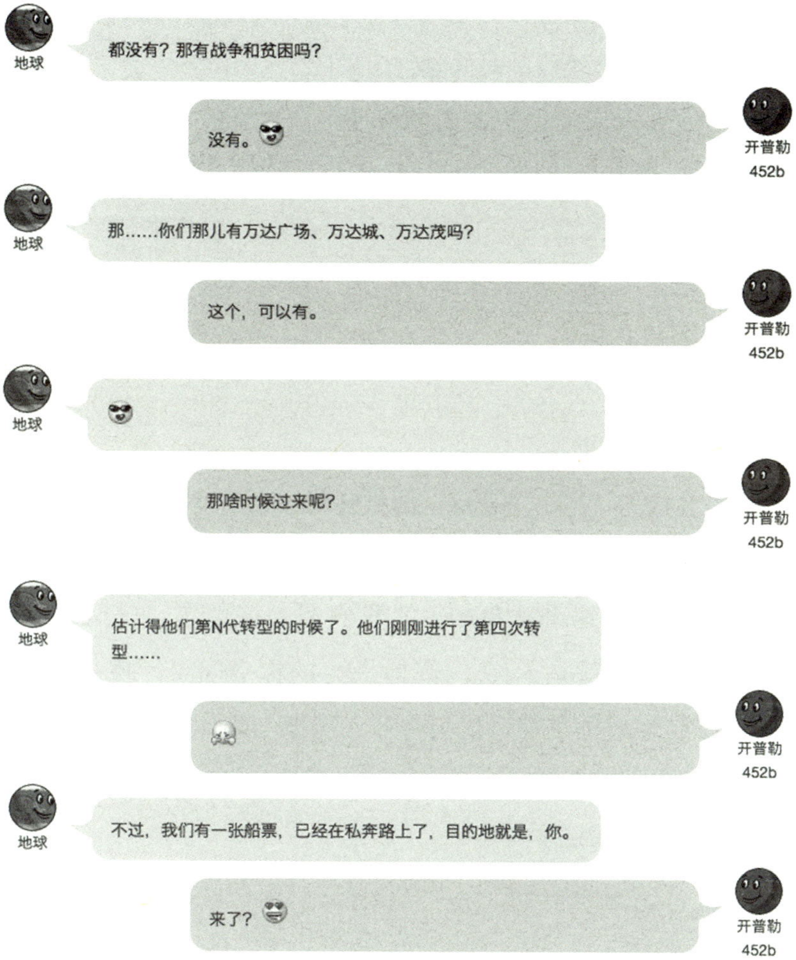

两个星球的对话

“就在公布地球还存在另一个它时，它激动得夜不能寐，趁着我们熟睡，它们隔着1400光年，隔着浩瀚星际，悄悄地进行了第一次对话。”

对话很暖人吧？而且自然而然就传递出万达广场、万达城、万达茂在生活中的重要性——地球人都知道，还透露了万达转型的信息，这些“点”你接收的时候觉得生硬吗？

借势需要反应速度快，还要稳准狠，这里的“稳”指的就是对新闻点的判断与捕捉；“准”就是与品牌结合度要高，不能生硬、牵强，要一发命中；“狠”就是要有走心的文案加上创意图片，让人欲罢不能。这么操练不信你“借”不好，这可都是不轻易透露的绝招儿啊！

借势还得“没事找事”

你以为这场“另一个地球”的借势就这么结束了？

不知道你注意到没，题目里说到“上船”，文案倒数第二句话也提到“船”这个意象——“我们有一张船票，已经在私奔路上了，目的地就是，你。”眼前一亮的你会问了，咦？什么船票？2012 已经过去了啊，还会有什么船票？为什么要去船上“私奔”……这些都是看到这里读者自然而然产生的疑问。别着急，微信页面接下来就提示了——

来吧，飞船在此，跟我私奔吧~

↙

阅读原文

点击阅读原文出现了什么？就是在此之前，万达新媒体精心策划设计的“万达号 2015 航行记”H5，内嵌神秘文件。

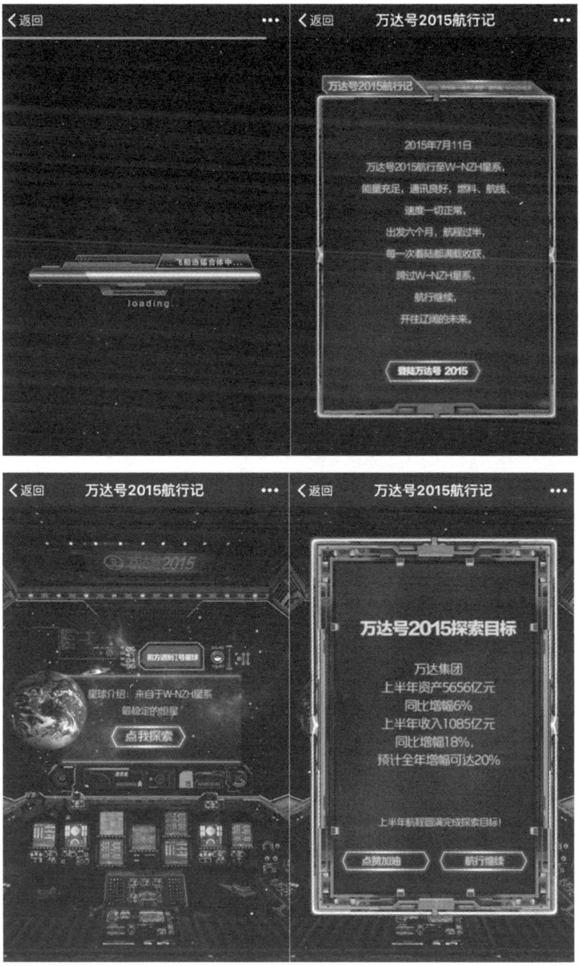

“万达号 2015 航行记”H5

这份“航行记”是万达集团 2015 半年报的简述版，设计成太空飞船的形式寓意不断征战，勇往直前。整个 H5 体验犹如亲临太空飞船驾驶舱，立体视觉和音效不亚于在电影院看《星际穿越》。

这个 H5 链接在“另一个地球”的阅读原文处，都有宇宙元素，也都包含“前往”“到达”之意，二者完美衔接。

还记得那篇《二万，和了！创意，火了！各路大神，出来了！》吗？这篇“10 万 +”的神文背后是强大的万达系新媒体。来看看这一次他们脑洞大开的创意。

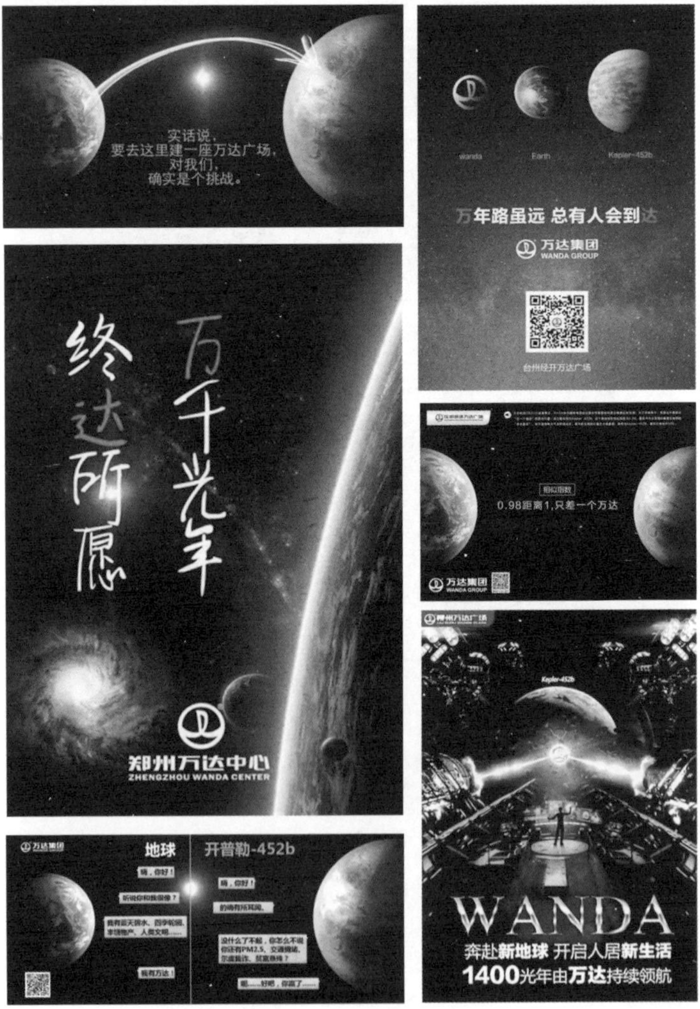

“另一个地球”案例海报

好了，又到了总结的时候了。通过“另一个地球”的案例，就想告诉你，**借势绝不是盲目做个图就刷屏跟风去了，得练内功。**借势应该首先建立在对品牌超强熟识的基础上，所谓“知己知彼，百战不殆”。同时，团队也需要通过不断积累经验，形成良好的响应机制，这样才能当遇到热点新闻时，迅速反应、分工策划。最后，将热点与品牌特性结合，善于找准结合点，融入品牌。好的借势是能够让粉丝通过你的创意联想到产品或品牌，认可品牌实力，如此，借势就达到目的了。

“冬奥”借势最大赢家：一次完美的借势三部曲

导读

就在北京与张家口成功申办2022年冬奥会之后的几天，一篇题为《冬奥转播权落入中国　万达成最大赢家》的稿件得以迅速传播，而它也是万达新媒体借势冬奥的三部曲之一。

2015年7月31日，北京与张家口联合申办2022年冬奥会的准备工作就绪，就等待最后宣布结果。与此同时，万达新媒体的借势也在悄然进行，只待最后那一时刻的到来。最终，一场周密、创新、一网打尽的借势完美收官，万达新媒体究竟是如何做到的？

第一部：微博微信联动，创意海报与深度稿件打组合拳

首先，捕捉热点，提前策划。做新媒体一定要捕捉热点，做足准备。这次万达新媒体做了哪些准备呢？话题参与很重要，当时微博上已经建立了各种话题标签，可以参与既有话题讨论，也可以抢占新话题。不过，这时候主流媒体的话题讨论量一般都比较大，如

果没有抢占有利话题，在已有的标签下讨论也不失为明智之举。

接下来，就要结合热点与品牌做独家策划。万达新媒体仔细梳理了万达集团的各大产业，发现很多万达城以及长白山国际度假区都有冰雪项目，这正好可与冬奥会完美结合。从而，进一步提炼出“万达冰雪业态”这一鲜明的标签。在这些万达城里，有的如哈尔滨万达城、长白山国际度假区以冰雪项目的专业性见长；有的如广州万达城，身处南国但冰雪项目开展得十分有特色。于是，万达新媒体梳理业态，总结特色，之后便开始“大举进攻”。本页和下页的

海报一

两幅海报就是这样出炉的。

这幅“万里挑一，达胜归来”的海报属于“产品借势型”创意。背景是万达旗下的滑雪场，运动员身披五星红旗，头上戴有万达 Logo 的滑雪帽冲在最前面。不仅寓意北京从众多城市中脱颖而出，是“万里挑一”；而且将“万达”二字融于其中，既表达了对成功申冬奥的祝贺与喜悦，也突出了自家品牌。

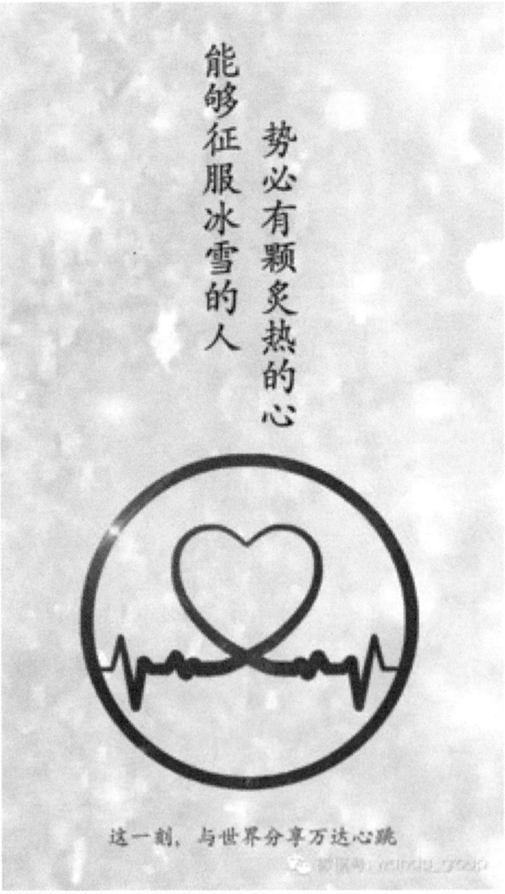

海报二

左边这幅海报属于“话题借势型”创意。要知道，这种创意拼的是文案功底，切忌长篇大论，一定要短小精悍。“能够征服冰雪的人，势必有颗炙热的心。”一句话就能引起共鸣，很多粉丝留言“说得太到位了”“人生也是如此”就是最好印证。“这一刻，与世界分享万达心跳”，图中的心电图中有 W 的轨迹，是万达的首字母。与世界分享万达心跳，除了激动以外，万达心跳有什么特殊意义？这也为下面的特稿埋了伏笔。

上述两幅海报在微博上得到广泛转发，却也只是万达冬奥借势三部曲中第一部的前奏。**接下来才是高潮，一篇题为《中国赢啦！一个大胆创新，撕开了未来财富的大幕》的品牌解析稿件，主旨是热烈祝贺中国申冬奥成功，万达冬奥主题业态蓄势待发。**

文章首先指出，冬奥会的成功举办对于一个国家体育产业以及文化旅游产业的影响将是巨大的，但是这一块在中国还是一片处女地。王健林多年前就有论断，随着中国人收入增长、对健康的重视程度提高，体育产业空间极其巨大。“几年前，一直摸索以期待与体育产业发生关系的万达，做了一个大胆的决定。这个决定，几年来渐次铺陈，正成为现实……这些现实，就是一个个冰雪世界和一段段冰雪奇缘。”

接下来，文章以图文并茂的形式介绍了万达的冰雪业态：长白山国际度假区、广州万达主题乐园、哈尔滨万达城、青岛东方影都、无锡万达茂等等。文章最后落到“等 2022 年看冬奥会的时候，你不但能看到更多的中国面孔，还能看到有这么一个企业，它身居幕后，时刻在你身边”。**这才是撒手锏，借势的真谛就在于此，毫不生硬地就把品牌宣传了，还满满地充满温情。这高度不是随便想“拔”就能“拔”的，必须要有内力。**

这篇文章发出之后，粉丝的留言都是“万达君，你的反应是有多快！”殊不知，**这不只是反应快，还得对企业自身的品牌熟识，对产品熟悉，对自家企业文化有深度解析的能力。**这种快，你做得到吗？

可能有的人会说了，万达有钱，万达有冰雪产业，所以才能结合冬奥进行借势。这个你真说错了。万达有冰雪产业“借”起来方便这个不假，但这不意味着你的品牌就不能借势，**借势考验的还是反应速度与思考角度，拼的是创意和用心**，你说对不对？

除了海报、深度稿件，万达新媒体还快速响应策划了“点亮北京—张家口，为冬奥会扛旗”的互动H5，并且在申冬奥成功当日下午即推出，做到线上线下齐为冬奥会摇旗助威。当你把冬奥会会旗移至北京和张家口的位置，中国地图会因你手指的移动而点亮，整幅地图“燃烧”起来，你怎能不心潮澎湃？看了这个H5，看了这个执行力，你还会说万达借势做得好，只是因为不差钱吗？

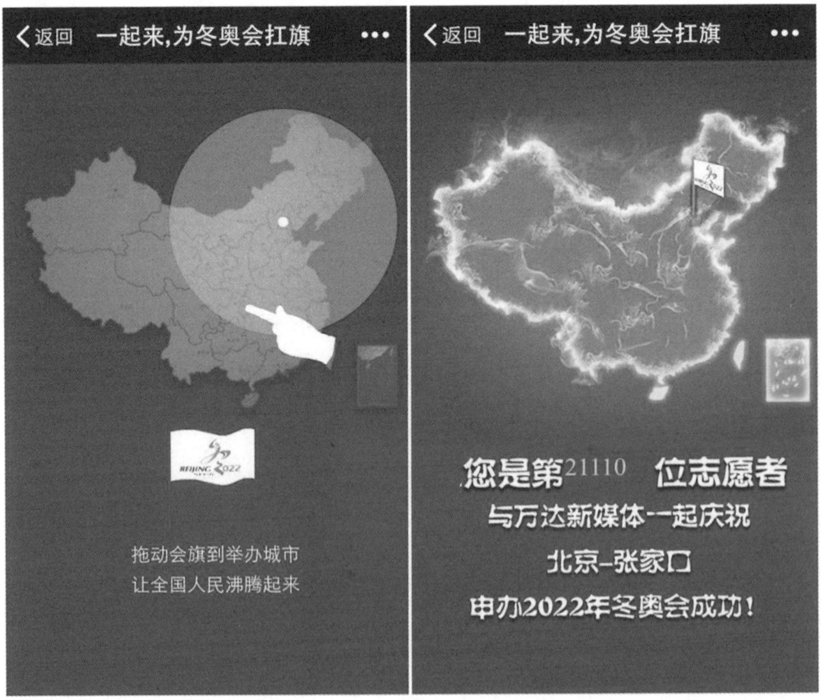

“点亮北京—张家口，为奥会扛旗”H5

第二部：新媒体不玩虚的，如何对自家活动进行互动传播？

线上热闹算你厉害，线上线下都热闹，才算你狠！就在万达新媒体发布第一轮宣传攻势当晚，万达集团总部庆祝北京成功申冬奥的“夜骑”活动也在线下上演。线上线下抱团借势，这咋做到的呢？

申冬奥成功的消息刚一出来，万达新媒体就在第一时间发出了借势海报与互动H5，了解新媒体的人都知道这意味着啥！对喽，那就是我们提前备足了料，正摩拳擦掌呢。就在网友们酣畅淋漓地参与H5“扛旗”活动的同时，一支色彩斑斓、装备精良的队伍开始在北京通州万达广场悄悄集结，他们要干什么？

如果你在2015年7月31日当天19：00—23：00经过北京长安街沿线，一定会看到这道充满速度与激情的风景线。本次夜骑自北京通州开始，一路向西，沿途经过故宫、人民大会堂、国家大剧

万达庆祝成功申冬奥“夜骑”活动

院等著名地标性建筑，终点设在石景山，全程共计 40 公里。百名员工自发骑行穿越首都最美夜骑路，是万达集团为冬奥摇旗助威的组成部分之一。

万达庆祝成功申冬奥的“夜骑”活动

万达新媒体全程转播盛况，还为此制作了一个病毒式视频，记录当晚夜骑的花絮和感人瞬间。这些振奋人心的片段在微博、微信上得到疯传，网友直呼“真是看得人热血沸腾”！

新媒体这次不仅再现了这场“大阵仗”，传播了企业文化，还形成了线上线下活动的“互补”，从线上宣传为活动造势，以及从线下优选内容在线上传播，从而形成了一次线上线下结合的完美闭环。

通过这次线上线下的完美衔接，**万达新媒体在复盘时总结了两条干货经验**：一是不打无准备之仗，“预设战情”、抢占先机，快速反应，必须有策划意识，提前策划；二是线下线上如何呼应，经常见到一些活动都是做完就完了，我们这次不但把线下活动做得声势浩大，线上传播也配合完美，那个病毒视频就是最好例证。你 get 到了吗？

第三部：产业大稿出炉，升华得不止一点点

如果你认为借势就是当天跟跟热点，发个微博、微信，那说明你对借势的理解还停留在表面。借势一定要和品牌完美结合，要有反应速度，有独到创意；同时，如果是绝对热点，类似成功申办冬奥会这种大事件，后续跟进是必不可少的，还能获得不少“加分”。试想，当宣传不再那么热闹，沉淀下来的更是受人瞩目的精华。**万达新媒体本次冬奥借势三部曲的最后一环，就获得了这样不同寻常的成效。**

冬奥会成功申办两天过后，各大媒体开始深度解读，万达搭上了这辆快车，一篇题为《冬奥转播权落入中国　万达成最大赢家》的深度特稿得到广泛传播，它在万达官方微信上发布的题目叫作《这几年，万达做了这样几件很酷的事儿》。这篇文章把万达从布局冰雪运动业态到收购盈方，再到宣布做与众不同的体育产业全说透了。不仅向世人展示了万达对商机的敏锐，更重要的是对“全民体育”内涵的深刻洞察以及对于体育事业的情怀。

正如万达新媒体在这篇稿件中阐释的一样，“这样的眼光和谋略绝非天生就有的，它需要长时间的积淀和‘经历’，就这点来说，万达踩对了点。”其实，万达不单在战略布局上能次次踩对点，万达新媒体在每次热点借势中能踩对点、做到位，也正是凭借着每次的突破与创新，再加上超高的执行力。

这些说起来容易，学起来难，干货已经奉上，看你怎么消化吧！

如何把一个内部活动搞得全城皆知？两步，走起

导读

论如何把一个持久战打得漂亮。

万达好声音

在战术上，持久战是一个更考验耐力、战术、打法的战争，它不仅仅考验你单体作战能力，对你的判断力以及整体操盘的能力也有非常高的要求，这种战役不常有，但万一遇上了咋整？就比如我们前阵子做的这个！

这是一个从 2016 年

8 月份开始一直持续到 10 月份的活动，如何让大家一直对它保持热度，并且积极参与其中，与之共 high，除了你活动本身要有趣有魅力外，如何做传播，用什么方法就显得十分迫切和必要。

先看上页的截图。

一、就是要“挑逗”你的好奇心

你得承认，这个活动是含着金汤匙出生的。比如 2015 年，王健林为它转身，2016 年他刚刚结束美国之旅就赶录视频，就为了一个员工活动。

“中国好声音”只有四位导师转身，而“万达好声音”却有王健林、春妮、贾樟柯、英达、苏芒、谭晶、大鹏等企业界、影视圈、歌坛众多大腕纷纷为“万达好声音”点赞、转身。它到底“牛”在哪儿？“中国好声音”万达分赛区？“中国好声音”万达专场？（你可以大胆想象，明年或许万达就能直通“中国好声音”。）他们如此倾情推荐的万达好声音究竟是个什么比赛？

第一传播阶段，它就狠狠地抓住了人们的好奇点。

但是微信传播的特点在于，对于一个爆点时间，人们蜂拥而至，获取到各自信息后，就一哄而散。所以指望一个 VCR 就能让大家对这个事件的关注持续一个月那怎么可能？关系咱们生死的《穹顶之下》也只不过两天的热度而已。

所以，要想持续关注，就得有故事。但是，这只不过是我们内部的一个企业文化活动，他们很多人是前台、文员、服务员、行政，没有故事难道要去编吗？那咋整？谁叫咱也是个普通人呢，也俗一把，放美女。

这些美女并非明星，她们来自万达的基层，个个身怀绝技且深藏不露。万达好声音就是这样一个比赛，它能把那些藏着的龙卧着的虎全部给挖出来。这是去年的开场白。

2016 年我们怎么玩的呢？

我们的开场白有点霸气——一场员工活动在价值 27 亿的全球最贵舞台举办。一个内部活动，全部普通一线员工，还在价值 27 亿全球最贵舞台演出，这打法是不是太出其不意？

万达这是要叫板“中国好声音”吗？万达是要把这些员工给炒成明星吗？万达为何要把一个企业文化活动搞得这么大阵仗？

当情绪涨到最高点，再不解惑，人们的热情就会骤然下降，那么这个活动可能就白传播了。所以，我们以最快的速度做了一篇报道，把万达好声音的来历以及万达好声音到底要做什么，对普通基层员工意味着什么，对于万达意味着什么，以及万达是如何把这个活动做得满城皆知的？总之，你想知道的，下面将和盘托出。

制造噱头、抓住好奇点、美女亮相、释疑解惑……第一阶段的打法全面、紧凑，有高潮有爆点，完美！但是，别急，好戏刚刚开始。

二、要有新玩法

如果说第一阶段的主要作用，是让大家对这个活动有所认知、了解，进而对它深入关注，那么第二阶段的主要目标就是造势、造势、造势。

如何让人们对一个企业内部活动感兴趣，愿意投票参与并转发给更多的朋友呢？

任何造势都不是一个人跳舞，它一定是让人有共鸣并乐于参与其中。为了让你在打开好声音传播信息的同时，还能有参与感，为了更好地造势，我们想了一个办法——第一次公布朋友圈大数据，真实揭秘从你点开 H5 开始，到你分享到朋友圈的每一个传播路径。

H5 二维码

通过这个 H5，你可以直观地看到——通过你的传播，带来多少粉丝的转发以及突破了多少圈层？你在朋友圈的影响力到底有多大？谁是你的“铁粉”？谁是你的“僵尸粉”…… 这些可都是腾讯不会告诉你的秘密。所以，与其说这是一个活动的转发，不如说这是一个人品的试金石。

中国人好面子，我的传播量那么低怎能忍？这么少人转发，我的面子何在？所以，自己晒在朋友圈的面子，还得自己争回来。人们从来没有通过大数据来检测自己的人品与号召力，这不仅仅把数据的秘密告诉大家，重要的是，这让很多人的“面子真相”得以揭秘。于是，每个人都铆足了劲为自己“带盐”。

但是这个世界是公平的。在一个夜黑风高的夜晚，我们悄悄地把一些实在的福利发到了你们的手机上……

传播量高的人会收到红包奖励

一个 H5，不但展示震撼效果，刺

激人的好奇心，让人史无前例地关注自己的面子，还传播了我们的内容，偷偷地检测了一把自己的号召力与朋友圈人气，最关键的是，突破圈层多，还会有奖励，这一箭三雕的事反正我愿意干。

H5 一发，整个朋友圈坐不住了——万达好声音已经不仅仅是一个活动了，而成了一个事件。把一个内部活动成功地炒成现象级事件，这个新玩法功不可没。

高潮迭起，是我们一贯的策划手法，但是每一次的高潮，我们的玩法都不一样。在第三阶段中，我们玩转最火的直播。

在过去，电视台要做个现场直播，必须要有一个专业的团队，要用到直播车、用到卫星、用到很多我们普通人不懂的设备和技术；而现在，做现场直播只需要一部智能手机。

这次直播，我们选择了和腾讯新闻合作，它们有很强大的传播渠道，而且是全网进行直播，所以，你会看到我们一个企业活动，居然收看人数超过了 560 万。要尝试新技术，顺势而为，更要借力打力，这才是对新玩法应有的态度，你说呢？

可是，**一个企业内部活动，没有明星大腕儿，没有八卦爆点，人家凭什么看你的直播？说到底，就两个字，走心！**

虽不是明星，但是唱功绝不亚于专业选手；虽没有宏大场面，但现场绝对温馨火爆；虽没有万众瞩目，但 PK 环节也绝对让你揪心不已……**在万达的确这样：做任何事都“较真”，要么不做，要做就得做到极致。哪怕一个小小的活动，也会被当成一个大事来做，都会有上百项的销项内容。**所以，你就会明白，万达为啥会把万达好声音这样一个内部活动做得如此兴师动众，如此好玩，我们就是喜欢极致，喜欢死磕。

三个案例、四点秘籍！它们撕下了万达的神秘面纱！

导读

如何巧妙制造“话题”并适时引爆，有这么几点秘籍你肯定用得上。

你知道吗，右面这个手写稿曾在2014年初引发了一场不小的“骚动”。

了解万达的人都知道，半年会和年会是万达最重要的两个会，在这两个会上，王健林都有一个保留节目——他会作一个长达100分钟的报告。有员工开玩笑

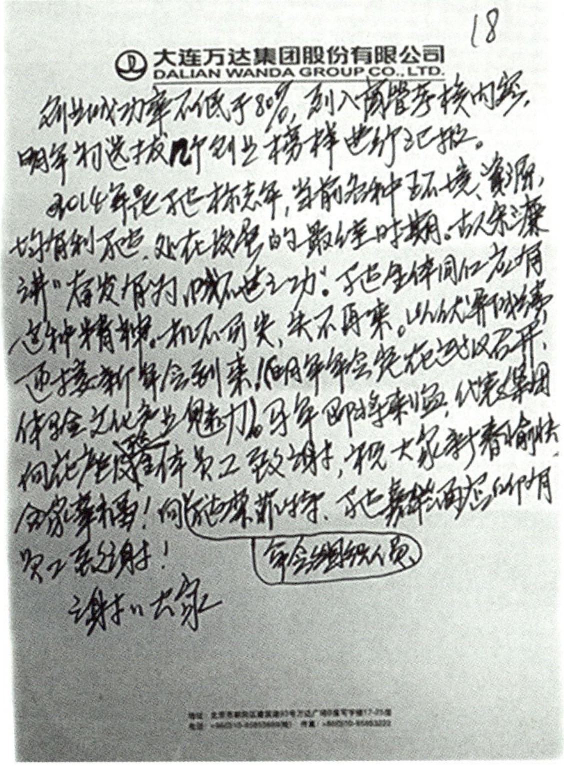
18
大连万达集团股份有限公司
DALIAN WANDA GROUP CO., LTD.
创出成功率不低于80%，列入高管考核内容，
明年初选拔几个创业榜样进行汇报。
2014年是马年，当前各种环境、资源
均有利于我们，处在发展的最佳时期。古人云
讲“奋发有为，成不世之功”。希望全体同仁发扬
这种精神。机不可失，失不再来。以饱满的精神，
迎接新年会到来！明年年会将在西双版纳召开，
体验全文化产业魅力。马年即将来临，代表集团
向在座及全体员工致谢，祝大家新春愉快、
合家幸福！向[illegible]（年会组织人员）、[illegible]
员工表达谢意！
谢谢大家

王健林手稿

说，听王健林讲话就像打了两针鸡血，半年会听完坚持到年会，年会听完又可以坚持到下一年的半年会。这个报告，如上页图所示，全部手写，而且他都会在年会前闭关两周反复打磨、修改。即便是王健林的秘书，都不会提前见到的。

其实，外界对王健林的手稿一直很好奇，首富字怎么样，他会写些什么，他的逻辑是什么……2014 年 1 月 13 日，大会一开，他的手稿也凑巧“不小心”流出了。

时隔一年，又有一个引爆全网的案例。

2015 年年初，你的手机被“王健林 K 歌视频”刷屏了吗？当时推文是这么写的：

“今天我要冒死给大家分享一个视频，如果王思聪知道了在微博上喷死我，你们一定要保护我啊。这个视频披露了王健林的个人爱好，而且还将这个爱好展现得淋漓尽致，这是一个怎样的爱好呢？”

看到这，你还坐得住吗？首富爱好是什么？跟我们有啥不同吗？在大家纳闷之际，放出视频，一放就是好几首，不但解惑，还让人大饱耳福。

你发现了吗？这几个案例都是在万达年会前后“不小心”流出，世上哪有那么多巧合？这其实都花了心思在里面：（1）知己知彼，对于粉丝的需求拿捏得十分到位。（2）显山不露水，犹抱琵琶半遮面。都是只露一点，引导你探知全部。（3）里应外合，点一把火。王健林的工作报告本身就具有爆点性，加上这点小花絮的爆炒，使得工作报告达到了前所未有的曝光度。

这三点，其实就是企业内部大事巧传播最重要的手法，也是我们独有的秘籍。

虽然说这是一个人人都是自媒体的时代，但是，如何巧妙制造“话题”并适时引爆，这几点秘籍你肯定用得上。

1. 知己知彼，必然百战不殆

这两个案例是注定会引爆的案例！**因为，我们先做到了知己知彼。**先捋捋啊，何谓知己？

首先，首富以及万达的一举一动，都是人们关注的焦点，而王健林每年的工作报告因为涉及万达上一年的业绩以及下一年的重要战略，更是备受瞩目。所以，如果在这样一个重要的、严肃的时刻，来点轻松的花絮或者“不小心”流出的猛料，那传播效果，你懂的。

另外，不瞒各位，万达有多位媒体大咖，他们深谙读者心理，什么时候发工作报告，什么时候放出“猛料”，都是有讲究、有步骤、有节奏的。比如“王健林年会手稿”曝光事件的过程，就是大会一开，由误入会场的人给拍下传到了网络，手稿炒热后，迅速放出工作报告，继续引导舆论持续关注万达年会，就像击鼓传花，每一环都无缝衔接。

那么，何谓知彼？

你有没有认真地考虑过这样一个问题——这个时代的粉丝喜欢什么样的传播？换句话说，有没有问过自己喜欢什么传播？

第一个层面，新鲜的东西、玩法。其实，这个道理从古至今都是如此，不然咱这会儿见面都是酱紫（这样子）打招呼的：你们山顶洞冷吗？你们周口钻木取火好使吗？**第二个层面，有价值、对我有用的东西，**不管是满足马斯洛需求层次的哪一个层次，只要对我有用，我就关注。说白了就是“不管黑猫白猫，捉住老鼠就是好猫”。反观这两个不经意流出的“手稿”“视频”正是满足了“我”的这两个层次的需求，既满足了爆棚的好奇心，又打包一些有价值的内容，把“我”的心理掐得妥妥的，必然百战不殆啊！

2. 显山不露水，犹抱琵琶半遮面

人总是这样，对于唾手可得的东西，满不在乎，从不珍惜。不然就不会有那句名言了——曾经有一份真挚的感情摆在我面前，我没有珍惜，直到……感情如此，凡事亦如此。

所以，做新媒体传播的关键是“不能给满”，要有所保留，给他们无限的想象空间，正所谓，显山不露水！这其实跟做人是一样一样的，你可以真诚，但千万留几手，也称之为，犹抱琵琶半遮面。

咱以王健林年会手稿为例。就是一页纸，仔细观察，右上角写着 18，看行文，应该是最后一页。最后一页虽然就是个结束语，但是信息量很大——提到了创业，王健林为何要提创业？ 2014 年是万达的标志年，怎么个标志法？ 2014 年年会在武汉开，为什么要做这样的打算……这样的线索很多，让人不得不去探知更多的真相，所以人们对这个报告达到了前所未有的期待。当时这个报告一出来，跟手稿一样，火得一塌糊涂，当然，外行看热闹，内行真的学到了不少门道。

今天我们再回过头看这个手稿，就会发现，他说的每一件事都已经成为现实，所以，每次出现“王健林手稿”这样的字眼时，人们会心理预设——这里面一定有猛料，这就是我们“犹抱琵琶半遮面”所带来的正面传播效应。

3. 里应外合，点一把火

在王健林K歌视频泄露前，大家都知道首富有唱歌的爱好。王健林自己在接受采访时提到过，喜欢唱歌、收藏字画等。《财富》记者惠特福德曾专访王健林，他写道：“他爱卡拉OK，而且是个唱歌好手。他的歌喉很让我吃惊。他很投入整个过程，表现得非常和蔼、彬彬有礼。”

这是人家的描述，人家听了，你听过吗？这位“唱歌好手”好到什么程度？谁知道？

在工作报告已经热传一轮后，我们及时在外围放出了这样一段视频，再加上一些足够俏皮和吊胃口的引导语，这个视频毫不意外地火了。从这个视频你可以看到，王健林不仅可以驾驭高亢的《西海情歌》《父亲的草原母亲的河》这样的民族歌曲，还能张口就来《霸王别姬》《最爱是你》这样的流行歌曲，是不是瞬间觉得王健林其实心态很年轻？

王健林演唱《最爱是你》

放视频就是让你饱饱眼福，然后让你流着哈喇子感叹下首富歌喉为何如此惊艳吗？当然不是！我们是想让你擦干了，然后再继续流下去。开玩笑啦，其实，这是传播节点中很重要的一环，只有引爆它，才能顺利进入第二轮传播。

所以，我们在这个视频的推文中着力突出了这样几个大字：这是万达年会泄露的视频！看到这几个字，人们心里一定会泛起这样的想法：年会上首富还给大家唱歌呢，这福利不小，但你细琢磨，不对啊，万达年会不是开大会发布重要报告吗？怎么还有晚会？

你越琢磨越不对劲的时候，官微发出了万达如何办年会的稿子，把万达年会如何做？万达年会有何特色？**而此时为你揭秘，时机刚好，与外围视频稿件“里应外合”、互为补充、相互借力，如愿掀起了第二轮传播高潮。**

在这里要解释下为何要“里应外合”？这其实也是我们传播的一个小技巧。

不管是“里应”，还是“外合”，有条线一直死死抓在我们的手里，这时我们不仅仅是传播者，更像“把关人”。在传播学上，把关人又叫守门人，是美国传播学者库尔特·卢因提出的概念，即在宣传中，传播者也就是企业要通过外围信息的发布、引导，然后根据外围反应，及时调整内部传播对策，这样才能做到里应外合，既能控制信息的流量与流向，也能达到自己想宣传的目的。

毫不夸张地说，那几天，万达年会狠狠地“霸占了”人们的朋友圈，如有兴致，请自行翻阅下，并趁机再温习下这个策划，你一定忍不住拍腿叫绝。

没花一分钱，却取得了花几百万广告费都达不到的效果，这不是传说，就是这两个案例干的事！你感受到自传播的魅力了吗？

2016 年万达年会推文

4. 伺机而动，主动出击

2016 年万达年会上，王健林的那首《假行僧》你一定不会陌生。王健林一亮嗓，不但惊艳了万达高管，也着实让全国人民吓了一跳——这绝对是潜伏在企业家圈里的摇滚王啊。唱得好不好，你自己听听看。

王健林演唱《假行僧》

这次并非“意外”泄露，而是我们有意地主动出击。做传播一定要把握尺度，神秘可以，但要悠着点，矜持多了，粉丝就不买账了，所以必要的时候，该出手就出手，who 怕 who?

这个策划的一个核心词就是“惊喜”。传播是否能成功，很多时候就在于你是否给了别人惊喜，以及你给的惊喜够不够，大不大。

人们之所以关注万达年会，除了那些关乎自己钱袋子的报告、数据、战略外，王健林的一举一动仍是外界关注的重点。事实上，即便是没有这首摇滚，首富今年会唱什么歌，仍会是传播的爆点。但，没有惊喜的传播，了无生机。

后来，在节目单中，我们发现了一个大大的惊喜——就是这首崔健原唱的《假行僧》。王健林今年60多岁，在很多人眼里，是喜欢革命歌曲的那代人，但是谁会想到，首富有一颗摇滚心？

果然，这首歌瞬间霸占全网头条。它让人惊喜的不仅仅是首富那涉猎广泛的爱好，更重要的是，他的摇滚并没有叛逆反而有了一股历经沧桑后的释然，比崔健的更有故事，把人们唱进故事里了。

王健林演唱《假行僧》视频刷屏

事实上，这几个巧传播的意义其实不仅仅在于传播了万达年会这个每年必报的大事，最关键的是，从“王健林手稿”事件开始，人们第一次把高涨的热情给了一个企业的新闻，它开辟了一个新的认知与传播渠道——**企业完全可以化身媒体，自燃并引爆。**

它撕下了万达的神秘面纱，这个面纱蒙在万达身上好久，以至人们提起它都觉得它高不可攀，有距离感，太过神秘。这样几乎零成本地“里应外合”搅动了整个舆论，人们猛然发现，哦，原来他一直在丛中笑，又帅又有料！

三、

热点“万达造”

高薪招聘“86后”，其实是一场事先计划好的“预谋”！

导读

一则招聘引发舆论狂潮并非首次，今天咱就说说它的“始祖”。

2016年2月中旬，我们发了一条“70万招聘新媒体资深经理”的消息。这个消息不但刷爆朋友圈，还引发了话题大讨论，一时间各种声音不绝于耳，大家的关注点在于——70万招聘一个新媒体运营，值还是不值？

一则招聘引发舆论狂潮并非首次，今天咱就说说它的“始祖”。

就在一年前，2015年2月26日，万达官微发了一条招聘。

据说它就像一场龙卷风，持续很久，杀伤力大，连媒体都看不下去了，果断刊登，予以曝光。这，真是不好意思啊。

万达招聘帖

就是这条消息——“我们的第一次！万达集团新媒体高薪招聘小伙伴”。

其实，它跟其他招聘的套路是一样的。开头先卖弄下，把情怀搞起来……然后吹吹牛，让大家感受下你牛哄哄的样子，最后留下一串需求，让求职者在风中凌乱、凌乱、乱、乱……其实，这则招聘文笔并不出奇，情怀也差点意思，牛也没吹够，为啥就是它火爆了整个朋友圈，并搅得大家茶不思饭不想了呢？

因为，它死死抓住了 3 点，好像还抓住了你的痛处。

1．策划先行、步步为营

第一步，放低身段，营造氛围。

刚开始，我们欲说还羞，遮遮掩掩半天，还把自己的福利全都抖搂给你了——来了这，你会有一些在外享受不到的福利，比如万达的食堂，万达每天清爽到爆表的室内空气，还有七星级的厕所……福利亮完，有些人就被搅得心猿意马、心驰神往、“心怀不轨”了……这是不是比那种高高在上的招聘，更接地气，更有诱惑力，更亲切？

第二步，适当吹牛，亮明态度。

该吹就得吹，不吹怎么招兵买马？但是要尊重客观事实，并且适可而止就好。

如果你长得很黄渤，就别谈什么长相了，就专说情商如何如何高就行了；如果你长得很黄晓明，英语什么的就别提了，直接说他帅多金如何爱 baby 就行了。

吹完就得亮底牌了——到底需要什么样的人？这里一定要有性格——“我们需要有才、有趣、有想法的你，请你一定别装高冷，别矫情，别拖延。”这两句话翻译成中文就是，你要有能力、有创新思维、执行力强、人靠谱。

寥寥几句，拨动你心，一个个都暗自对照吧？有传统媒体人解读说，这是在给传统媒体人关上大门，因为后面这三条都是他们多年养成的好习惯。你想得还挺有道理，我们咋没想到这儿呢？

第三步，直戳痛点，毫不留情。

我们不要高冷范儿，矫情主儿，拖延症，我们只要“86 后”。

“‘86 前’，招谁惹谁了？”“这是赤裸裸的歧视，我要投诉你，万达君。”其实，此刻，大家的情绪正在酝酿。

情绪正无处发作时，你就看到了一个情绪爆发点——高薪。看到这，不管是“86 前”还是“86 后”，都已经无法淡定。

看这个招聘，大家的心情跟坐过山车是一样一样的，各种起伏，看完那一瞬一定觉得，这招聘做得这么气人！但你一定记住了这条招聘，且久久不能忘怀。然后“86 前”，就独郁闷不如众郁闷地分享到了朋友圈，而“86 后”，则带着一个嘚瑟的心情炫耀起来。

2．为什么是“86后”？

中国人讲究三十而立，而“86后”马上就要步入三十而立，还有一年的时间，多少人的工作还属于不稳定的状态，多少人，成家立业还都只是个梦，所以，我们只想提醒他们，还有一年的时间，你，准备好迎接自己的人生转折点了吗？

“86后”这群人，无论年龄还是心智，都到了一个该沉淀的阶段；无论是对家庭、朋友，还是工作，都会比稍小一些的人更具责任感、同理心，更容易沟通；他们渴望成功的欲望要比“85前”“90后”更加强烈，他们有更大的进取心。这些特质，与我们需要的人才是完美匹配的，所以，不选他们，选谁呢？

如果我们说招聘“85后”，你会有感觉吗？“90后”，你会有这么大情绪波动吗？做任何宣传，套用原有的、约定俗成的标签，就不要指望它会引爆了。

顺势而为，是近两年的高频词汇，每个颇有成绩的人在说起自己奋斗史时都会提到这个词。**但是做品牌，得逆势而动，思维总要跳出窠臼，来点新鲜的东西。**举个例子，如果苹果是一个苹果的标志，而不是被咬了一口的，是不是少点意思？乔布斯本人都觉得，如果单看一个苹果，很像一个屁股，所以咬了一口。不能说苹果的火跟Logo有关，但是这个与众不同的Logo确实增色不少。

于是，我们也反其道而行之了一回，打造了一个“86后”的概念，不出意料，它一炮而红，瞬间成了继“90后”之后的热词。

再透露个小秘密，万达新媒体团队里的人本身就是“85前”了，迫切需要鲜肉的加入来搅和一下，所以……

3. 大大方方、有诚意

俗话说得好，不写薪水的招聘都是耍流氓。

一个招聘是否能打动人心，除了制造爆点、要有话题性外，最最关键的是，得有硬货。这则招聘最大的亮点是，直接亮出薪水，并把你一年会拿几个月薪水也给注明了，最高可拿到32万年薪。

到这时，这则招聘已经不是一个简简单单的招聘！有的人看到它看到了希望，终于可以有一个地方让他大展拳脚、轻盈转型；有人觉得这是对当前的人生当头一棒，混了这么久还不如一个86后的前途；有人突然有了紧迫感，觉得再不试试就再也没机会了；有人觉得，这是炒作、是赤裸裸的年龄歧视，有人觉得万达的招聘非常有诚意，很实在……

一则招聘，承载了朋友圈众多人的众多复杂的情绪，但不管如何，大家都会把它转到朋友圈，发给需要的亲朋，推荐的时候不忘嘱咐一句：万达对人才真舍得，去试试吧。其实，这样我们的目的就达到了。

很多人问，万达为何舍得给“86后”、新媒体编辑这么多钱？着急找人也不必如此开价吧，还让别人怎么招？

因为，万达对人才从来就是舍得花钱，万达的薪水一直保持在业界前茅。王健林本人在很多场合都表示过，人就是钱，人就是事业，人就是一切。而且，在万达，没有亲属推荐，没有任人唯亲，没什么办公室政治，没有什么甄嬛传，只要你能力够，干得漂亮，就有机会晋升，正所谓你行你上！

另外，万达十分重视新媒体，也愿意与时俱进，不断创新。但外界很多人不信啊，今儿给你写一个传统万达怎能玩转新媒体，明儿给你写一个移动互联时代来了，传统万达不行了……一口一个传统企业，一口一个没有互联网基因，说得跟真的一样……不跟你们理论，这则招聘往这一放，你还好意思说万达不重视新媒体，不愿与时俱进？以上，就是这则招聘抓住的“3点”，痛吗？

必须承认，这是一个提前策划好的招聘。招聘的目的是什么？招人！但是，在新媒体时代，你发出的招聘信息，仅仅是为了招人这一个诉求，有点太浪费渠道啦。所以，一开始就很明确，一边招人，一边造势。那什么才是好的造势呢？**有三点必不可少：(1) 要想方设法让更多的目标人群知道；(2) 能引发大家热议和思考；(3) 能通过造势，提高品牌的美誉度与知名度。**

说了这么多操作技巧，咱们也回应一下热点喽。开头提到的那个万达非凡的招聘，70万招聘一个新媒体运营是高还是低的呢？一句话，敢撕掉脸皮的太多，而有真才实学的太少，所以真遇到了才子佳人，给这些不但是值得的，而且是远远不够的。

“二万”火了！如何吃着火锅唱着歌把借势搞成造势？

导读

在一次次热点事件中，万达新媒体是如何做到“顺势而为”“借力打力”的？

先来看一张图，你能否读懂它背后的信息？

图中“敬请期待”的是：2015 年 5 月 14 日，万科、万

“二万”，和了

达宣布“在一起”，双方将建立战略合作关系，计划在国内外项目开展深度合作。

“二万”合作的消息一出，万达官方微信紧接着就发了一篇神文《二万，和了！创意，火了！各路大神，出来了！》，并迅速刷爆朋友圈，阅读量很快突破 10 万。它的火爆不单是因为消息本身够劲爆，还因为各路大神的创意。后来，其他房企们坐不住了，中南地产、中海地产、龙湖地产等同行也来纷纷借势，于是，万达新媒体的这次策划由借势成功升级为造势，博得业内外点赞，堪称一次教科书般的新媒体案例。万达新媒体是怎么做到的？

话说如今做新媒体，不在于你多有钱，而在于你多用心。好的策划往往正是凭借一个精巧的创意直抵人心。而借势策划，则更如“转圆石于千仞之山”，用力极微却势不可当。万达新媒体这次借势，就达到了这个效果，还总结了不少经验。（干货来了，睁大眼睛！）

借势宣传三要素

首先，内容依旧是核心，也是要借的“势能”所在。如何做不一样的借势，得先读懂内涵才行——万科与万达历来被视作住宅与商业地产领域的两大标杆，此次两大龙头携手的背后，有巨大的想象空间。策划就是要传递出“合作”“友谊”“财富”等核心关键词。

来看下页万达新媒体的创意海报。

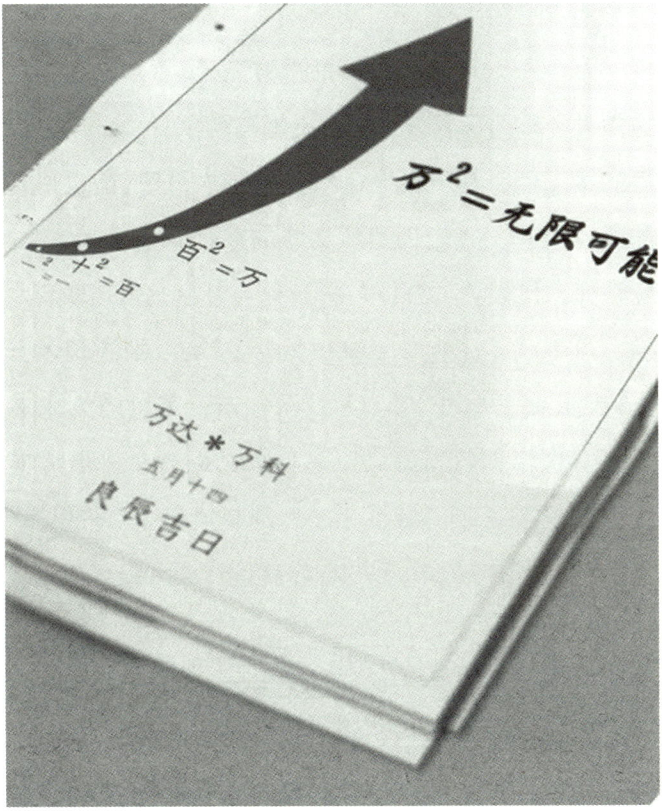

创意海报

好的海报不仅是营销工具，更是艺术与内容的超然融合。设计前首先是对内容的构思，同时还要考虑作品的摆放位置以及要达到的目的。就这张海报而言，万达新媒体团队是这样操作的。得知消息后，头脑风暴是创意出炉的必经程序，通过关键词的筛选和联想，梳理与整合，最后得到内容意象，就可以开始着手设计了。

具体的设计思路是：先找共同点，万达、万科都是房企，同时又都以“万”字开头。在中国传统文化里，“万”包含数字与量级的概念。接着想创新，有了“万 + 万”的主体思路。最后精心打磨，又将“万 + 万”设计为“万的平方”，寓意强强联合产生无限可能，这样对合作的形容表达得就更加贴切了。

借势的第二点，在于创意必须“脑洞大开”，这也正是这次借势宣传的爆点所在。我们仍然从文前的那张海报说起：“二万”作为一张麻将牌，代表着“合体”的万科与万达，强强联合之后必定盆满钵满，可不就是“和”了嘛！另外，“和”字还是多音字，既可以是 hú 表示赢，也可以是 hé 表示和谐，寓意两大龙头合作前景十分美好。这幅创意海报，也是后来被同行拿去借势模仿最多的一张，搜狐地产还专门做了《二万刮起地产“麻将风” 你家今天品宣了吗？》的报道，“二万”合作就这样被“狠狠地”免费宣传了一把。

如果你觉得这只是一次普通的借势，那就埋汰了俺们这个作品。经过第一轮传播，万达新媒体敏锐地捕捉到舆论热点，如民众对两家企业合作的猜想，媒体的深度解读，当然也不乏一些接地气的八卦周边，围绕这些热议，万达新媒体开始第二轮传播，吃着火锅唱着歌地就把借势给搞成了造势，不声不响地建立了一个众声喧哗的“舆论场”。

这里不得不提到万达新媒体传播的秘密武器。《二万，和了！创意，火了！各路大神，出来了！》这篇神文背后还有一双神秘推手，就是我们的万达新媒体联盟，这个俺们会留出一个章节慢慢讲它的故事。

单打独斗见功力，组团传播很霸气。这一次“二万”借势传播里不少值得称赞的创意就出自他们之手。试举一例：

咱们分析一下这张“双王齐出，谁与争锋”的创意：两个公司都姓万，两家创始人都姓王。“双王”一出，会狂“炸”出怎样的火花?

第三个要素，形式轻巧。不知你是否注意到，这次借势策划主要采用海报形式，这种热点、大事件借势一定要快速反应，而海报就具有这种优势：语言简明扼要，形式简约美观。

于是，创意来了！万科、万达“一见钟情”是一种怎样的体验？看各路高手如何解答！

双王齐出，谁与争锋?

WANDA & VANKE COOPERATION ALLIANCE
合者为王
5月14日「万达·万科」战略合作 二王联手纵横四海
LEAGUE OF LEGENDS
微信号: wanda_group

微信
万达
孩子跟谁姓？
vanke
随便！
万科&万达
重磅联姻
启动战略合作·启幕王的盛宴

“万万”没想到
达
科
曾经的我们各行其道，互不干扰
达
科
有时还会因为一些小事引起矛盾
达
科
但是“万万”没想到，今天的我们可以这么融洽！
THE END
想知道我们为什么那么融洽么？
且听下回分解。

万达、万科合作海报

好了，现在不妨总结下，什么是好的借势？我们认为，一个好的借势应该是顺势而为且出乎意料的，同时对热点事件具有反哺作用的。究竟什么样的热点可以借势？

首先，一定是正能量的传播，让大家觉得美好的东西。

还记得 2015 年 4 月份那封著名的“辞职信”吧？短短十个字：“世界那么大，我想去看看。”足足吸引了眼球，随之而来的就是“世界那么大”体的走红，以及各大品牌们的借势营销。连首富在 2016 年牛津大学公开课上开口第一句就套用了，他说“世界这么大，我想去闯闯”。

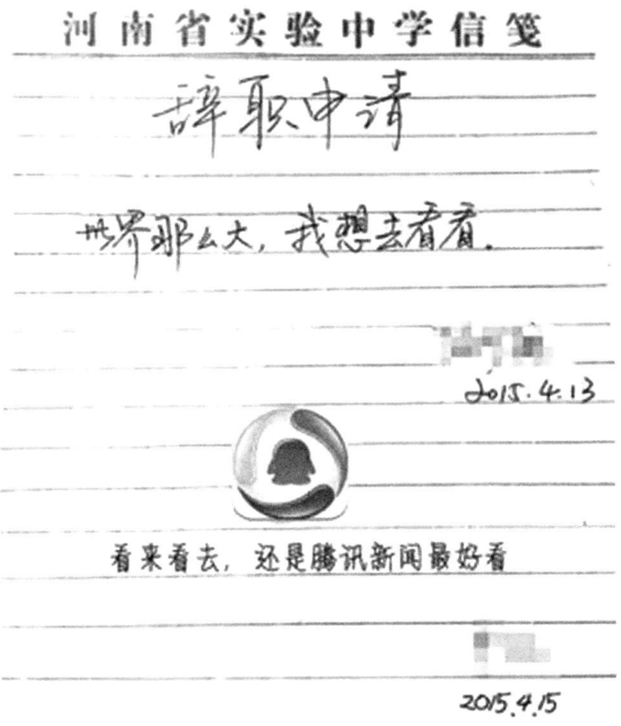
河南省实验中学信笺

辞职申请

世界那么大，我想去看看。

2015.4.13

看来看去，还是腾讯新闻最好看

2015.4.15

图片源自网络

一句话，不是什么热点都能跟，比如“优衣库试衣间”事件，就不适合跟风，得有操守。

再者，借势需要思考热点事件本身是否能与品牌产生关联，关联越强越能产生四两拨千斤的效果。

最后，借势传播还要讲究速度与技巧，你如果费了牛劲儿、过了一两天设计出的海报还有谁看？所以反应一定要快。

2015 年 5 月 29 日，范冰冰发布和李晨的合照，一句“我们”在微博公开恋情，杜蕾斯官方微博在 9 分钟后发声——“你们！！！！！！！！冰冰有李！！”该微博转发量迅速飙至 3000 次。

杜蕾斯官方微博

借势和造势犹如狂欢，加入“狂欢”并不难，但绝对需要机智和功力，需要强有力的执行落地。那么，你准备好了吗？跟我来吧！

四、

技术也为王

一款小而美的实用工具是如何低调走红的?

导读

万达新媒体通过一个小工具就满足了众多粉丝的呼唤，开发它除了靠技术，更要靠什么?

万达集团微信公众号

去年，一款小而美的长微信制作工具，在微信朋友圈低调转发、分享，直到现在仍然备受欢迎，如果你关注万达集团官微，仍然会在底端菜单栏看到它。

有个亮点比微信先行一步

这款在朋友圈潜生暗长的应用小工具，名字很直白，就叫“长微信工具”，由启动页和编辑页组成。**它的设计走心之处主要有两点：**

第一，手机操作就能搞定图文混排内容。可能有人会说了，长微信有啥稀奇，我每天在微信都看到各种图文混排的长文啊。没错，严格意义上讲，长微信这个概念本不应存在，只是，如果你要原创一个这样的图文混排的长文，要经过这么几个步骤：必须先得在 PC（个人电脑）上注册一个微信公众账号；然后在 PC 的微信公众号后台编辑图文；最后通过 PC 端发布出来。这个过程，没有 PC，没有微信公众号，基本没戏。或者，你只能在微信朋友圈发个相册模式，图文分离，贵圈小伙伴如果想分享都没法下手，这个滋味，别告诉我你没有尝过。

长微信制作，最大的需求，其实是在移动端，而不是去哪儿都

长微信工具

要扛着一台笔记本，只为发个微信。这个长微信启动页说：不用公众号，手机就可制作图文混排，便于分享。编辑页其实就是内嵌了一个简易的编辑器，可以调用手机相册，输入或粘贴文字，编辑图文混排的呈现效果。

第二，可显示阅读量，刷存在感。虽然长微信的编辑过程没有 PC 端那么自如，但从手机端的简易图文编辑这个产品定位来看，完全没有问题。而且，社交平台之上，分享才是王道，编辑好的内容能在朋友圈实现分享转发，就是这款微应用的最大亮点。这里，还有一个走心的用户体验，就是在每篇文字下面实时显示文章阅读次数，存在感绝对杠杠的。要知道，这个阅读数显示功能可是在整个微信系统发布文章阅读数之前，人家就已经开发好了的。

要低调、走心

刚才说了，如果你关注万达集团官微，就能看到这款应用。人们不免好奇，一个搞商业地产、文化产业、金融产业的企业新媒体，搞了一个潮应用，这是什么信号？做活雷锋？

虽说这个微应用低调登场，但用者有心，在“长微信工具”启动页的一支手绘笔上，你会发现一个隐藏很深的小字：wanda。而这一应用的原始入口，也是挂在了万达集团官方微信的菜单项下。只要你关注了万达，你也能用，而且用得很方便的时候就会想起“挖井人”。这就很好地把本来给 10 万员工的福利变成全民福利了，还让人家自发地帮着传播，这脑洞实在了得！

万达注重创新思维，始终紧跟大势。企业文化自然是先行者，把员工视作用户，从他们的社交需求出发，花点小钱提供些技术便利，让他们能够更加自如、有效地“拥抱”互联网。由此可见，长微信工具是一款用户需求相当大的应用，设计者从尊重用户需求角度考虑，尽极大可能满足用户体验，体现出的互联网思维也非常接地气，这正是它能逆袭朋友圈的独到之处。

新媒体不仅仅是内容为王，还得是新玩法的训练场。万达的新媒体活动与产品之所以好玩，就是因为一直绷着“创新”这根弦。

你知道万达执行力牛，但你不知道它更牛

导读

万达执行力究竟靠什么保障？除了已熟知的强大的模块化系统外，今天，我们为你独家披露另一个让万达执行力加速的新媒体“神器”。

万达的企业文化当中，最强大的就是执行力。这个执行力不只有执行层面的“Just do”，还包含方法层面的“How to do”。

执行层面好理解，就是没有理由、必须坚决完成任务，比如万达广场说什么时候开业就什么时候开业，雷打不动地必须做到。而方法层面考验的就多了，包含了很多万达在制度设计和移动应用方面的智慧与经验。

这个“加速器”绝对是万达企业文化与移动办公的完美结合

如果你看过《万达工作法》，就一定听说过“模块化管理”。那可是保证万达执行力的强大系统。

“模块化管理”是对整个项目的运作、操作的一个通盘计划，是一套非常庞大的系统。一般地，每个项目会有350个节点，每个节点干什么，开干之前都有详细的计划和布置。它可以具体规划到万达广场建设的十几个月里，每一天你该干什么，不该干什么，资金流动多少，在模块里面都有规定。

模块化系统着实强大，不过它更适用于庞大的工程项目，而在日常工作面前则显得不那么灵活。所以，**如果能将模块化管理的思维运用到日常工作中，开发一款“日常版”模块化系统，那对执行力绝对会起到“加速”作用。**于是，一款名为“执行力”的小而美的APP就这样应运而生。

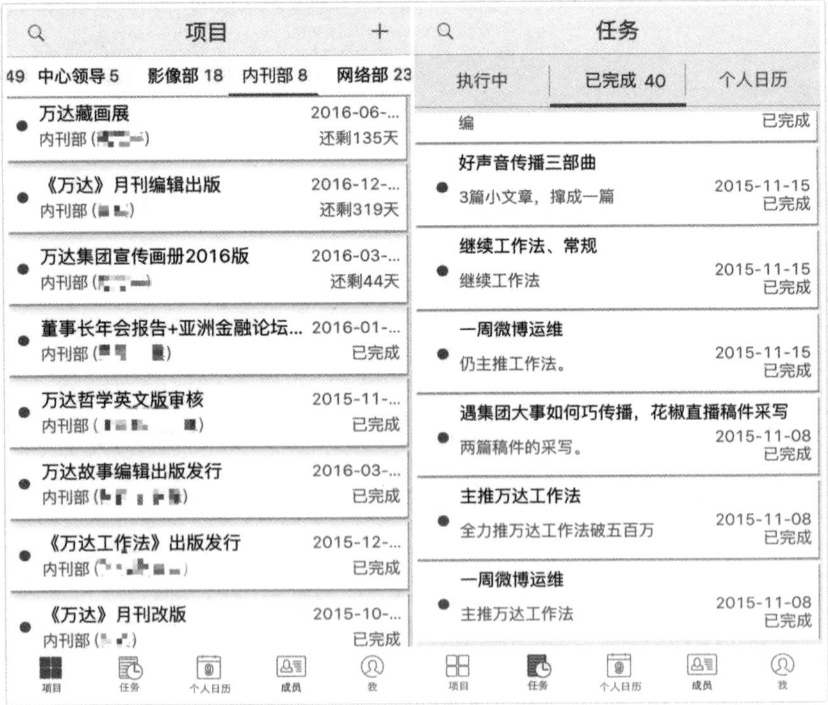

模块化系统

执行力系统主要针对万达“开会”、工作安排等日常任务设计而成。为保证效率和执行力，“开会”就必须做到迅速布置任务、及时反馈、随时跟踪；任务执行则必须有章法、严格按照节点完成。那这些如何做到？靠每周一次的PPT汇报，靠十几页的纸质报告？显然这些已无法胜任。好了，执行力系统可以出马了！

执行力系统既可以在手机端操作，实现个人任务的上传、拆分、反馈；也可以在PC端呈现，每次开会一开投影，汇报人按照各部门、各项目汇报就可以了。按部就班，井井有条，一目了然。

怎么样？这个执行力系统绝对是企业文化与移动办公的完美结合！你要问了，这个系统如何体现万达执行力，对企业文化、管理文化又是如何进行深度提炼的呢？下面就披露其高招所在。

四大功能护航，保障执行力系统所向披靡

执行力强的表现之一就是效率高，最短时间办最多的事，越复杂的事情越精简地完成。刚才说了，执行力系统是针对会议开发的，那就要求它适用于会议的各重要环节，你能想到的，它都做到了。不信你看：

1. 计划性——拆分任务，心中有数

我们平时开会，领导肯定都会布置任务，你说“我完成这项工作可能需要两个月”，可接下来，至于这项工作如何开展，你能了然于胸吗？

执行力系统帮你做计划。大任务拆分成多少个小任务，你可以理解为节点。什么时间完成什么任务，拆分下来，你也就明白这项工作每周、每天该怎么干了。这与“模块化管理”有异曲同工之妙。

2. 时效性——随时跟进，提高效率

有了执行力系统，领导可以随时查看各项工作进展情况，员工也可以随时跟进，不用再堆到例会时间一起汇报，从此不再耽误事。

它还有个强大的提醒功能，任务“大限”将至，会给你推送消息，“监督”你及时跟进。

3. 可追踪性——没有反馈的完成等于零

与“模块化管理”一样，执行力系统也有“红绿灯”机制。如果你的任务没有如期完成，对不起，只能亮“红灯”；如果你完成了但没有及时反馈，对不起，算你“逾期”完成。并且这个逾期可是不能修改的，每周汇报工作时，你的任务如果逾期了，就会一直明晃晃地摆在那，你的心情咋样？此处略去无数字。

4. 智能性——自动生成会议纪要，谁用谁知道

整理会议纪要感觉像又开了一次会，即便你再高效，肯定也会花上个把小时整理（有同感请默默点头）。执行力系统设计之初，就在生成会议纪要这个环节下足了功夫。

每次会后，只要一键点击“生成会议纪要”，一份包含任务名称、责任人、完成时间、执行要点及反馈结果的有条理、精练、格式规范的会议纪要就自动生成完毕（此处肯定有掌声）。**不仅能生成会议纪要，就连大型任务和项目的复杂的复盘报告，这个执行力系统也能生成，这节省的时间可不是一点点。**

现在你明白为什么别人开会就能按质按量完成，而你们开完会就拖拖拉拉没有下文；为什么人家的执行力就是说到做到，而你们家的执行力基本上还是停留在口头或者开会记录的本子里了吗？

所谓的加速器，其实就是为了加速“万达执行力”而专门设计的一个办公软件。一个办公软件，还这么死磕的，你当你自己是知名 APP 啊？那又怎样？还不允许人家有这样的愿望和梦想了？

目前，它并没有正式面世，但是很多关注万达执行力的人都知道万达有这么一个神器，我们确实动了心思想推广它。但是，分享经验容易，而把它作为一个产品推广是很难的，不仅仅要考虑它作为一个产品是否好用，是否满足大家的“刚需”，还得考虑它的传播价值，所以我们暂时按兵不动。

但我们相信，好的产品会说话，当已经捂不住的时候，或许才是它正式和你们见面的时候，咱一起期待吧！

一段代码，泄露了你人际关系的真相

导读

一个嗨翻朋友圈的H5，不仅宣传了活动，还让百万粉丝看到自己不为人知的传播秘密……

你知道H5都由谁在传播吗？除了PV（页面浏览量）、UV（独立访客），似乎你没有别的数据可掌握了，有的数据超多，而有的很惨淡，这有啥规律吗？有时候，倏地一下，H5点击量激增，你不想知道是谁干的吗？

万达新媒体在宣传第三季“万达好声音”时，做了一个大胆尝试，不仅将上面的问题全部解决，还掌握了第一手鲜活大数据。

来，扫一扫，先直观感受下它的威力。

H5 二维码

这是一个实实在在的朋友圈的传播途径，从万达官微的转发，到自由转发，包括万达员工转发，后来被大号转发，不断发酵、扩散。

这个H5就像游戏一样，分享出去以后，过

一会儿就能看到谁转了你的东西，然后谁又转了他的东西，特别有意思。当时推文里还有一个口号是“谁对你死心塌地，谁对你爱搭不理，今天就告诉你”，意思就是帮你“看清”朋友圈。

这是这款 H5 的界面，你会问了，啥叫“穿透 50 层朋友圈”？“传播途径”长啥样？别急，这就给你用通俗的说法解释下。

H5 数据不能说的秘密

这次这个 H5 就是利用腾讯微信后台的接口，将一段神秘代码植入 H5 中，这样就能在移动端和 PC 端上给出传播结果的直观呈现，清楚明了地展现一个活动的传播情况，比如：

1. 传统的数据监测，如每日的 PV/UV/IP/ 分享数及走势图；

2. H5 活动的微信传播图，可以看到传播路径，层级关系，阅读来源和分享去向；

3. 监测传播爆炸点，挖掘 KOL（即意见领袖是，指大号或个人）并评估 TA 的影响力；

4. 分析传播受众的地域、性别、移动终端、网络类型、微信版本；

5. 结合以上数据，评估活动的传播价值，刻画“受众肖像”。

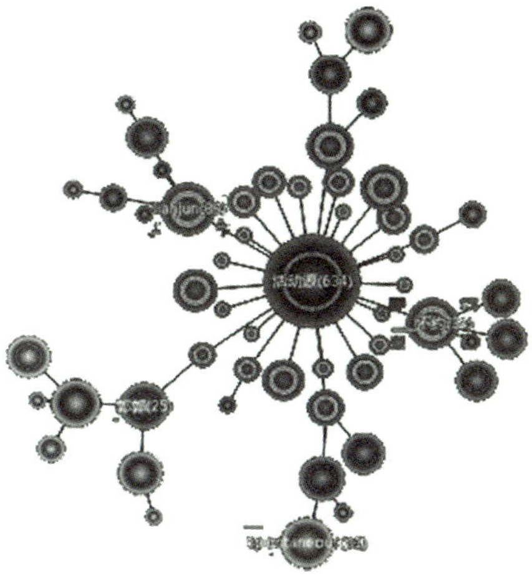

H5 传播路径图

通过这个可视化的像

“细胞裂变”的图形，可以清楚地看出每一个 KOL 的传播效果，每一个引爆点和传播关键点，每一层级的传播，传播路径（阅读原文 / 朋友圈 / 微信群 / 好友推送）以及传播层次。

一句话，知道谁在分享，谁分享以后“推波助澜”的作用大。这种作用，凡是做新媒体运营的同人都知道意味着什么，那就是转发费用，活动设计，KOL 选择……太实用有没有。

朋友圈里同一篇文章的不同标题，你更倾向于点击哪一个？很多时候，我们是被一个标题吸引点开一篇文章的。这个代码的植入，还有个神奇的功能，被火眼金睛的我们“捕捉”到了，那就是转发语系统 。

万达君给这个 H5 预设了几个不同的题目，随着监测结果发生变化，可以看到哪个题目转发的最多，然后统一换成这个最牛的题目，使传播效果最大化。下面是“万达好声音”的题目预设与一小时的传播监测。

序号	分享话术	点击次数
1	一个平民歌手在击穿 50 层朋友圈后爆红，快来试试你能穿透几层吧	1243
2	朋友圈的传播原来这么美，看看 {nickname} 的传播图！	44294
3	千万不要点击进来，小心 {nickname} 的朋友圈威力	39293
4	用好朋友圈，人人都可以是明星，快来看看 {nickname} 的朋友圈影响力！	37406
5	爆发我的小宇宙，看看 {nickname} 的影响力，你也来试试吧！	33295
6	大数据分析你的朋友圈，{nickname} 的分析结果太令人吃惊了……	273163

“万达好声音”题目预设与传播监测

哪个题目最给力？一目了然了吧？

咳咳，这篇文章泄露了太多微信不想说的秘密。其实，不只是炫耀这个技术（就是炫耀没办法）啦。我们想说的是，要时刻把握传播规律，掌握传播要领，探索传播背后的神秘力量，并且敏锐捕捉新科技的神力，才能事半功倍，传播广泛，效果明显。

很多人说，技术有啥温度，不就冷冰冰的吗？错！那是因为你自己就根本不是暖男好吗？啥意思？**就是你得自己有好奇心有热乎劲儿，才能去发现、了解、学习甚至驾驭技术，否则，它永远是冷的。**

做了 30 多个 H5，我们有两条心得

导读

万达新媒体在 H5 创新上做过这些惊艳的小事。

“一镜到底”，而且史上最长

2016 年 9 月 28 日，业内权威大数据公司——新榜推送了一份榜单，标题是《万达集团发布“一镜到底”H5，刷屏夺冠》。**这款 H5，光在微信上，就有 220 万的 PV，23 万次分享，传播层级更达到了 77 个层级。**它的成功有啥秘诀？来，扫一下。

这个爆红的 H5，讲述的是现代人整天忙忙忙，忽略了孩子成长的故事，主要为 9 月 24 日刚开业的合肥万达城造势，主打“万达城缔造欢乐时光”的概念——是的，题材并不新鲜，并没有“听上去就很刷屏”的潜质，那么，万达新媒体玩了怎样的“套路”？

H5 二维码

“一镜到底”H5 截图

抛弃炫技的冲动，回归创意。

第一，交互简单。这个 H5 共有 30 幅插画，你要做的就是把手指放在手机上按着，直到看它播放完。是的，没有视频、对话框、小游戏、来电提醒……可谓 H5 界的一股清流。

第二，一镜到底。交互简单也有可能玩砸，一不小心就东施效颦，所以画面创意就尤为重要。万达城 H5 类似于俄罗斯套娃：第一幅画是第二幅画面中的插画，第二幅画是第三幅画的电视画面……镜头无限往后退，一镜到底的同时，也激发你对下一个场景的好奇，颇似于卞之琳《断章》中的“你站在桥上看风景，看风景的人在楼上看你”。

其实，这个变焦动画的创意源自于一位伟大的艺术家，伊斯特万 · 巴尼亚伊（Istvan Banyai）。他正是采取不断放大的构图视角，让故事充满悬念，仿佛每一个视角的变更都会出现一个新的故事。万达新媒体为了致敬这位伟大的艺术家，开创首款“变焦”动画 H5。

第三，它是连环故事。再好的创意也得服务于内容，而这 30 幅插画，看似独立，实际上讲述的是一个家庭亲子的故事：男孩 A 羡慕别的父子逛游乐园，男孩 B 在书上看这页插画而父亲却忙着电话，这一幕被女孩的父亲在电视看到，于是决定带着女儿出去游玩。属于经典的三幕剧，包含了开篇、发展、高潮。

当画面定格在“最美好的时光，是有你在你身旁”，这款 H5 就深深打动你了。

场景式 H5 的突破

2015 年 8 月 H5 案例“吴亦凡入伍”惊艳亮相之后，H5 界不淡定了。

“吴亦凡入伍”H5

这个作品可谓达到了“毫无防备的惊艳”的程度。模拟腾讯新闻页面、图片和真人秀视频的无缝转换、无框全屏视频等技术创意亮点皆令人叹服。

像万达新媒体这么潮范儿的，有新东西怎能不试试呢？于是，2015 年 11 月，**为了宣传万达集团微官网，我们这么玩了一把。**

万达集团微信公众号菜单页植入 H5 视频真人秀

这个创意的最大亮点在于，美女主播在官方微信和微官网之间来回穿越，上演“吴亦凡入伍模式”H5视频真人秀，将视频抠图嵌入H5，女主播把万达的微信公众号界面和微官网界面内置元素随手拖拽、抽拉、拆除、腾挪，玩得不亦乐乎。

因为微官网入口是嵌在微信公众号菜单，所以万达的这个H5推广目的很明确，就是要告知用户如何快捷抵达微官网。

酷炫的技术交互+美女主播神秘消失的噱头+公众号和微官网双界面漂移，这三大创意亮点，让这个作品取得了不俗的传播战绩。

要玩就玩个够，系列H5就这么诞生了

在上一个作品推出两天后，万达美女主播又出现在了另外一个场合。

玩够了“未接来电”“模拟朋友圈”“模拟群聊”等H5模式，万达新作瞄上了“模拟微信公众号”模式。“天黑了，你睡了，你手机里的微信公众号却还在醒着……”由此带入，一群微信公众号深夜在村头开会：嗅觉志、思想发散、猫嗅网、深夜发飙、果皮网、中国旧闻周刊，还有万达新媒体联盟……

微信运营越来越难，一群公众号各种山寨吐槽，最后万达新媒体联盟的一句“我有1600万粉丝”亮瞎全场。然后美女主播适时出场，全屏视频引导分享。

且不论H5创意本身，首个企业级新媒体联盟成立，400多个公众号矩阵，1600万粉丝，这阵势和格局确实够业内艳羡上一阵儿的了。

订阅号
万达新媒体联盟：村头开会啦！
吃货群
下回我们一起去嗨啦
运动达人汇
该换装备了，求指教
美女小编
好的
毒舌电影群
老妈
注意休息
创业圈子
小学同学群
嗅觉志
艺术家要用一生的寻求来接近美 查访画画展在中国...
思想发散
一位红色后代的人生况味
果皮网
猫嗅网
男人别装
中国旧闻周刊
万达新媒体联盟
排行榜出炉！2015年这些城市的小伙伴最"肯借钱"
深夜发飙
这游戏好玩到让你学会编程，信吗？
旧京报
这种衣服害死不少孩子，哪下正是穿的时候，你家可...
微信
美女小编：有事找你，给你打过去。
搞活动也不一定好使啊！再说，搞活动不花钱啊？
我有，1600万
土豪啊
抱大腿
跪了跪了
跪了跪了
万达新媒体联盟正式成立啦，我们现在拥有超过400个公众号，1600万粉丝。

不断尝鲜

把 H5 玩成连续剧，可能也只有我们这一家了。但是连续剧结束后，我们得玩个大片了，于是就有了下面的这个 H5。

猴年春节，朋友圈突然流行发吉祥话，还是能“上天”的吉祥话。段子、东北拜年嗑纷纷退下，万达新媒体出品的一个拜年的 3D H5 霸屏了。

啥是 3D H5？普通的 H5 页面都是 2D、静态效果为主，但 3D 内容创作形式更广泛，它使用最新的 WebGL 3D 技术（WebGL 3D 是一种 3D 绘图标准），做出的场景具有逼真的三维效果，给人们更多的发挥空间，效果更绚丽，沉浸感更强。既能体现品牌的品质，又能抓住用户眼球。

说了这么多，到底长啥样？

很酷炫吧！当时恰逢新春佳节，这个烟花主题非常应景，玩法也新鲜，所以在朋友圈霸屏。

当你输入任何祝福语（文字、符号等），都可以以 3D 烟花的形式呈现，色彩斑斓，充满神奇感；当你的问候语发到朋友圈，好友打开后，可以看到你送上的别致祝福——3D 效果的烟花在夜空中炸开，还有动人的声效。

3D H5 二维码

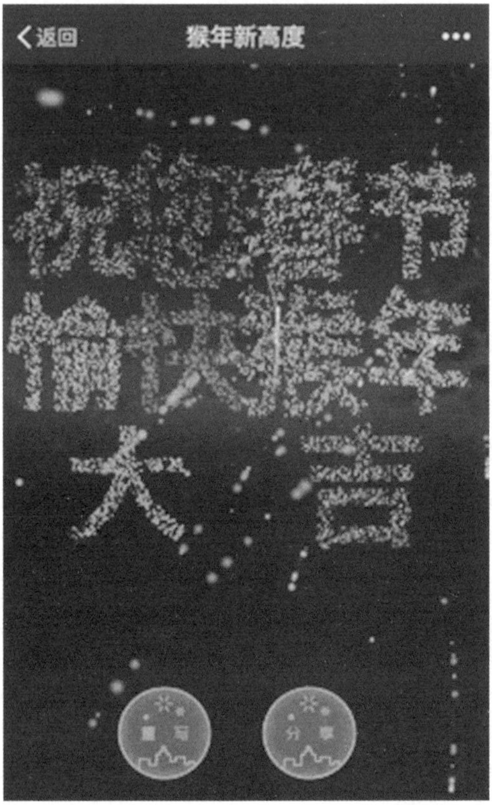

猴年新高度

整个流程设计简单，但内涵丰富，技术难度大。这个 H5 充分利用了新媒体易传播的特点，使得朋友之间的祝福瞬间升温。

其实吧，万达新媒体在 2015 年着实出品了不少惊艳之作，这几个只是“三个代表”罢了。**我们做 H5 就主要把握俩原则：**一是对新技术的关注、跟进与尝试，留意行业新动态，谁使什么“大招”，一定了然于胸。二是学习，对经典、热门 H5 的致敬与借鉴，并且一定要再创新。看到没，核心词就是——创新。

都说创意即传播，设计即传播，技术即传播；万达新媒体正致力于将这三者融合起来，使传播效果最优化。你看现在 VR* 这么火，偷偷告诉你，万达君也要去试试了。

* VR，即虚拟现实，利用计算机图形系统和各种现实及控制等接口设备，在计算机上生成的、可交互的三维环境中提供沉浸感觉的技术。——编者注

五、

新媒体流水线

如何做一个好标题？这有 5 个独家秘诀

导读

理想那么大，也得一步步走出来！说了这么多方法，都不如你亲自练练，找找感觉，好标题都是打磨出来的。

2015 年年会上，王健林说："如今中国人不读书，不深度阅读，不少人看文章就看看标题，这不是好现象。"的确，能静下心来深度阅读的人越来越少，并且，网络上充斥着标题党的"杰作"，让人不点心痒痒，点进去心烦躁。没有标题党，能否做出好标题呢？别急，我这有药。给你解药之前，你得认清一个事实！这是一个看脸的社会。

有研究机构指出，长得好看的人，自信心和活力都比长相普通的人要强，所以他们更容易获得用人单位的青睐。长得好看谁不喜欢？守着个如花似玉的女朋友，就算是睡梦中也能露出笑容，对，说的就是你。

同样，一个好的标题能给你的文章增色不少。就说最近流行的那个标题吧——《你若努力，你的怀里是别人的女儿；你不努力，你的女儿就在别人怀里》这是多么戳中痛点的一件事啊。好了，认清了事实，那么我就给你我们自家秘制的解药了。

1．找到痛点，“拿来主义”

很多时候，精华就在文中，就看你有没有一双聚光的慧眼了。

先看看这几个标题：

《王健林：很多高管做不到高处，在于情商很低》

《王健林：做商业很辛苦，赚的利润就像刀片一样薄，但它有一个好处》

《王健林：做企业，归根到底一句话》。

这几个标题全部出自王健林在各大公开场合的演讲。

以《王健林：很多高管做不到高处，在于情商很低》为例。在万达，你会经常听到一个词——情商。王健林在年会推荐书中两次推荐了与情商有关的书，这是为什么？在任何一个企业，情商都是对一个人才最基本的考核评价

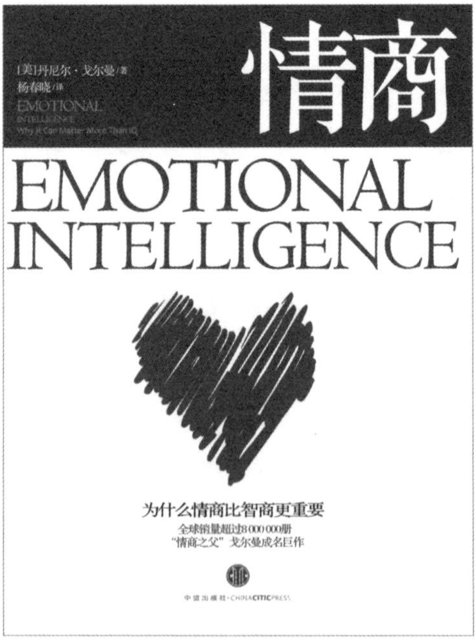

《情商：为什么情商比智商更重要》

标准，它有关你的职业生涯，这一点不夸张！你不要告诉我，你不想升职加薪！所以，我们的策划就这么出来了——王健林谈情商：很多高管做不到高处，在于情商很低。明确告诉大家，你不能升迁最主要的原因在于情商低。你的心咯噔一下了吗？

不知道你有没有发现一个现象？《王石：你要活得精彩，长不长寿不重要》《柳传志：我的交友原则是，他要把信誉看得比钱重》《吴晓波谈 2014：未来，不关注这 7 点你一定会死掉》这类标题的阅读数一直很高，为啥咧？

因为他们本身在行业内属于领军人物，他们说的话，会激起目标群体的共鸣，引发目标群体的思考以及对于自身处境的关切，所以屡试不爽。

那么，如何才能把这些金句从文中拎出来呢？很简单，通读全文，凭第一印象找一句大佬说过的、最能打动你的话，连自己都打动不了，就别拿出来忽悠别人了！拎出来这句话，看看他讲的跟你的粉丝人群的关注点是否匹配，比如你粉丝都是小人物，你发一个做企业该如何如何的标题就是不恰当的。

透露个小秘密，人们都爱看什么呢？企业管理秘籍的、健康的、升迁的都爱看，不管发多少遍这样的标题，没有一个传播量低的。

2．绞尽脑汁，“无中生有”

并不是所有的访谈和稿件，都能顺利地找到一句直击人心的话，所以，得绞尽脑汁，学会“无中生有”。

比如，2014 年初，新浪《财经面对面》对王健林做了一个访谈。在这个访谈中，王健林透露了万达2014年的打法和战术，彼时互联网思维正大热，而在这个访谈中，他提到了8家企业，有阿里、腾讯、京东……他为何要提它们，又说了些什么？所以，拎出这个点，做了一篇稿件标题叫《王健林最新受访为何点名这8家企业》，这属于绞尽脑汁、“无中生有”。

再看一个例子。

《就在后天，万达将举办“万人相亲大会”》，这个标题一出，很多人以为万达真的要举办相亲大会。事实上，它报道的是万商会。万商会是“中国商业地产的第一盛会”，是迄今中国商业领域规模最大、规格最高、最具影响力的行业盛会。只是，一个行业内的盛会，如何让更多的人知道它？靠图集？靠图表？靠数据？这些都与粉丝的关系不密切。让他们对这个东西感兴趣，还得从人性入手，从人们的痛点入手。万人洽谈，很多人是首次见面，有相亲的感觉。于是，我们打造了一个“万人相亲大会”的概念，既让粉丝了解了万商会，还让大家记住了“万人相亲大会”这个概念。

3. 激起好奇，吊足胃口

小米的饥饿营销为什么能如此成功？跟雷军善于把握、拿捏人性有很大的关系。他知道好奇心这个东西，是人性当中最易于调动的一样东西，人的欲望不都是从好奇心开始的吗？**所以，以“好奇心”作为一个原则，错不了。**

先看看这几个标题——

《有这么一个地方，它有六点牛过部委食堂》

《真没想到！万达的秘密就这样被几个横幅“出卖了”》

《今天在武汉发生了两件大事，一个世界第一，一个世界唯一》

《万达为何把最好的项目给了它？王健林为何对它念念不忘？》

《万达首次对外披露绝密报告！在这里，读懂未来中国消费市场新机会》

越看越想知道这一堆标题到底讲的啥吧？

咱以《真没想到！万达的秘密就这样被几个横幅“出卖了”》为例。就是这个。

这张图传遍了大江南北，不知道的还以为万达多苛刻呢！好，既然你们黑我们，我们就就坡下驴呗，一起黑呗。

我们就从这张照片说起，谈到了万达的模块化，万达的执行

某万达广场的横幅

力，然后谈到之所以出现这样的横幅，是万达员工激励自己，是超强执行力的表现，好吧，黑着黑着，就绿了吧唧，紫不溜秋，粉嘟嘟的透着那么美了。后来，把自黑以及吊胃口提炼到标题，效果怎么样，不用听我给你吹了吧？

此类标题一个重要的原则是，千万别坑人。意思就是，你标题吊胃口，内容也得真的前凸后翘有猛料，不然就没意义了。

4．切中热点，撒娇嘚瑟

"你行你上啊。"这是臭不要脸的典型，那嘚瑟的劲儿，让你爱恨交加。

"臭不要脸"可不是真的让你丢人现眼去，这里的意思是要豁得出去，敢于表达，卖个萌，装个傻神马的。

2014 年年底，汉秀全球首秀。俺们微信天天夸，夸得自己都不知道如何是好了。于是，就做了一个"撒娇嘚瑟臭不要脸体"《如果你点开这个视频想败家，请不要怪我》。很欠揍的标题吧，但是效果很好。

《昨天，万达在成都"任性"投资 100000000000 主做四件事，第三件亮了》，又是一个很欠揍的标题。其实就是个新闻，说万达在成都投资千亿。但是这么把数字摊开，把"0"往这一摆，这阵势，自己都觉得嘚瑟得不好意思了。这事好像谁还没干过，效果你猜。

在网络上"臭不要脸"可不是个贬义词，其实是让你放下身段，该装疯就装疯，该卖傻就卖傻，当然，该卖萌的时候一定要卖个够，**敢自黑、自嘲、自我表扬，身段放低，有温度你才可爱。**

5．稳准狠，一剑封喉

什么样的文章你会点开看？除了好奇心的驱动，是不是那种比较爽、比较狠的标题看起来很带劲？

比如《你今天对我爱搭不理，明天让你高攀不起》这种带有情绪的标题，很能戳人心窝吧？所以，就让标题也成为一个敢爱敢恨的人格体吧，当然你有个性还不行，还得稳准狠，一剑封喉，一针见血。

举个例子。《王健林张近东今日联手把它给办了》这是万达和苏宁签署合作协议时的一个新闻稿的标题，因为事件仓促，不可能有时间去做大的策划了，只能在图片和标题上动点小心思了。“把它给办了”是不是听起来爽快利落嘎嘣脆？

再来个例子。4 月 21 日，王健林在中国绿公司年会上发表了主题为“万达转型”的演讲，他提到了万达转型的逻辑、动因以及转型目标。万达的转型是万达的一件大事，其实它不仅仅事关万达的下一个十年，也对未来十年的经济产生巨大的影响。如何能让人们意识到这次转型的意义，于是，“狠”了一把，做了个标题——《万达做了一个重要决定！有关 10 年后万达与中国经济的模样》。这就很自然地把万达的事和你的命运联系了起来，你敢不看？

稳准狠体的目的就是，不是把人打晕，是为了把那些装睡的、睡着的人给薅（hāo）起来——都给我打起精神，想安逸，先把自个的生死顾好。所以，这类标题，看了之后往往会脊背发凉，甚至心慌。

所以，这类标题可不敢乱用，用好了那叫霸气，用不好那就是忽悠！**所以，这里有三个原则：第一，只有出现大事件时，才可酌**

情选择用此类标题，以警醒众人；第二，某个名人发表的具有趋势性、建设性的言论，并与每个人密切相关；第三，坚决不忽悠，绝不夸大其词。

理想那么大，也得一步步走出来！说了这么多方法，都不如你亲自练练，找找感觉，好标题都是打磨出来的。最后，还得嘱咐一句，人呢，三观要正，在什么山唱什么歌，一定记住自己所在山头的规矩，就算当土匪也要当有价值观的土匪！

如何把软文变废为宝？秘诀就是“玩”

导读

既然软文必须发，而且对于企业的品宣如此重要，那么在新媒体平台该如何推广它们以达到品牌宣传的最大化呢？

做企业公众号，有个问题你无法回避，就是你必须要发布大量企业新闻，这种稿子在业内被亲切地称之为：软文。

企业为何要铆足劲地做新媒体？除了顺势而为地去占领新媒体领地外，最关键的就是让自己有价值的信息扩散出去，并引起外界足够的重视与关注。

既然软文必须发，而且对于企业的品宣如此重要，那么在新媒体该如何推它们以达到品牌宣传的最大化呢？我想，你脑子里此刻一定想到了江湖上大名鼎鼎的微信公号“深夜发媸”的徐老师。

是的，徐老师的软文炉火纯青、技艺超群，看完直叹，世间原来还有如此不羁且内涵爆棚植入。但是徐老师毕竟是个真正的自媒体，企业官微既然定位成“官”微，那么只能允许你活泼，但多少要有点“官”样。

1. 谁说理性不能与感性共舞呢？

《华尔街日报是如何讲故事的》为什么畅销多年？并不是因为作者名气大，也不是因为他们总能挖出内幕，而是不管多大的事，他们总是从小切口切入，让你感觉不是在读新闻，而是在看一个跌宕起伏的故事。

我们没法达到人家的水平，咱照葫芦画个瓢如何？当然。真实的故事总是能荡漾起人们心底的涟漪，泛起波纹，延绵不断。

万达集团与河南省举行战略合作签约仪式海报

“2015 年 9 月 11 日，万达集团与河南省举行战略合作签约仪式，万达将投资河南省 1200 亿元，新建 16 个万达广场及文旅项目。”这是我们必须要报道的内容。可是，投资跟“我”有什么关系？于是，对不住了各位，我们得让它跟你产生点感情了。

如果你是 80 后，可能都会记得当年电视上有关于亚细亚的广告，那时，那是全国商业最发达的地方，各大商场如雨后春笋般，但一个个生命并不长久，几年后，这个最牛的亚细亚也在一片叹息中关门大吉。

看完你会思索——现在，万达来到了这个有着厚重历史的地方，它会带来什么呢，是昙花一现，还是实实在在地给人们带来“陪伴”呢？

一个好的故事，仅有情感共鸣是不够的，它的逻辑必须要合理，而且一定要找到一个落脚点能与新闻事件共舞。那，这个案例的落脚点是什么呢？“纵然过往让人没有依靠，但安全感不仅仅要靠自己，万达也可以给你，它是一个让你安心的地方。”一边讲故事，一边就顺带着把情感升华了。

这就叫，感性与理性和谐共舞。

2. 挖掘“地方特色”

来，先看一段山东快书。

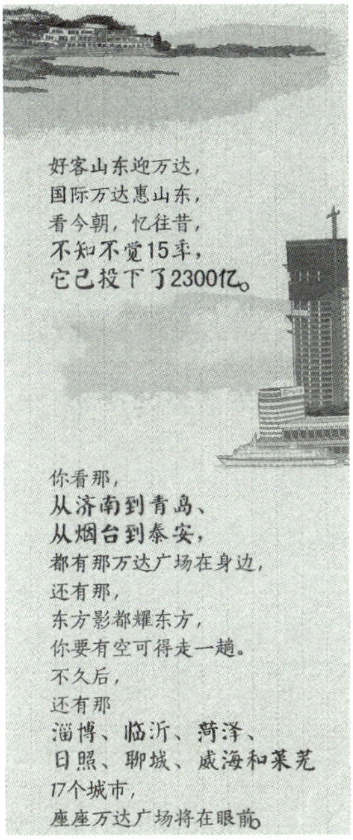

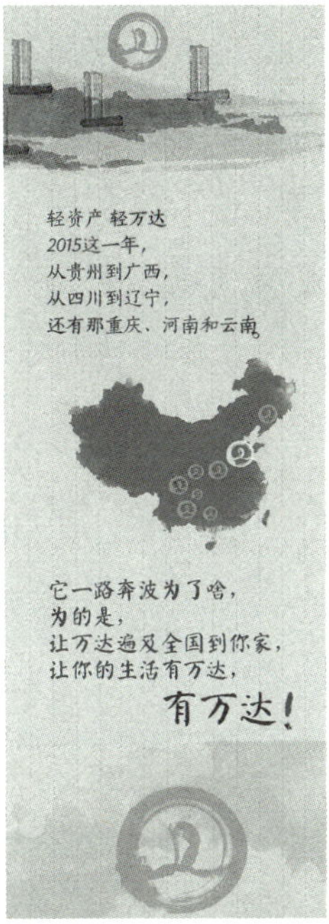

万达投资山东新闻海报

你心里的小快板已经打起来了吧？

一气呵成地读完以后，你基本了解了新闻事实——万达又要来山东投资了，将追加投资1300亿元，在山东新建38个万达广场和1个文旅项目。加上之前的投资项目，万达在山东累计投资达2300亿元。

当时咋就想到山东快书上去了？别急，再看第二个案例。

9月23日，成都万达文化旅游城举行项目建设启动仪式，这是总投资550亿元，中国投资规模最大、水准最高的文化旅游项目。这么一件大事，也按照上文所说的让理性和感性共舞不行么？当然好，但是老一个姿势，你不烦，我们还烦呢。

后来，我们找了几个你耳熟能详的关键词——变脸、大熊猫、火锅、汶川。但是这关键词跟这则新闻有何关系？拆分下新闻便知，这次是成都万达城项目启动。这是截止到那个时候，中国投资规模最大、水准最高的文化旅游项目，也就是No.1了。这正好与国宝这个概念吻合，按照这个思路联系下去，上面列的几个关键词都找到婆家了。

这两个案例可以说是另辟蹊径的典型！

第一，它们有一个共同特点就是——用足地方特色。从特色入手，能轻而易举地燃起散落在全国各地的当地人的情感小火苗，各种思乡、回忆泛滥起来，没准，还能想起村头住着的小芳……

第二，光有特色还不行，还要形式活泼、味道鲜香。还记得那句让你欲罢不能的话吗——“每一个爱抖腿的人，心里都有一台缝纫机。”为何咱不能让人们心里从此多一副快板呢?

第三，打铁还需自身硬。创意不是水龙头，一拧就出来了。你平时爱看书吗？你平时涉猎多吗？你的爱好是什么？其实在做创意的时候，你就会明白“人丑就要多读书”真是人间最美名言了。

3. 避重就轻，巧妙迂回

“12 月 16 日，由万达集团董事长王健林个人捐款 10 亿元建设的南京金陵大报恩寺遗址公园正式开放，作为南京重大公益文化项目，大报恩寺遗址公园也是中国最大‘报恩’文化传承项目。”明眼人都知道，这是个大新闻。

因为这不仅仅是国内最大一笔个人捐赠，关键是正在大力发展文化产业的万达开始关注文化传承，这本身就是一个热点。另外，得承认，这是一个特别引起争议的新闻。我们在前期预判，如果集中在捐赠这个层面，肯定会有舆论集中在这样几个问题：首富为何捐赠大报恩寺？为何要捐赠如此之多，有何考量?

其实，做公益都是随心，量力而行，首富是慈善之人，也不差钱，愿意咋捐就咋捐，但是仇富氛围下，总有一些人唯恐天下不乱。所以，我们淡化了捐赠这个点，而突出此事对于报恩文化的传承以及万达的公益慈善之路这个方向。**转了个弯，就把舆论引到了一个新的轨道。**

新闻稿件有了重点，下一步是如何让这个新闻更可读?

緣起
南朝
寺廟發祥地
江南佛教中心
佛
在此之前，
其原址及周邊地帶，
曾有歷代官方及皇家敕建的許多寺塔，
雖屢建屢毀，
仍屢毀屢建。
東吳赤烏四年
開建

王健林捐款“报恩”新闻图

这正是比较流行的长图体。这种形式运用最为极致的就是陈安妮的那个《对不起，我只过 1 %的生活》，当时这个微信一发出，那轰动劲儿，不亚于之前咪蒙掀起的那场“贱人”大战。

形式很好，难道我们也要讲一个励志故事？NO！对于一个如此严肃且神圣的事，我们不做鸡汤，不讲个人奋斗，而是把大报恩寺置身更广阔的历史维度与视角下，去做有价值的内容梳理，这不仅有利于人们阅读，还能在轻松氛围中快速熟悉史料背景，了解它的发展沿革以及对“我”未来的影响。**你收获的是大大的干货而不是汤啊，有用的，才最有力量，对吗？**

4. 把球踢回去

新闻如何与粉丝互动呢？粉丝如何能参与到一个企业新闻中呢？完全可以做到！比如这个——

《王健林要在四川做什么？昨日，万达在川又任性投资162,000,000,000 元》，我想，你看完后，第一件事就是会数数有多少个 0 吧？

那如果再给你发一个这样的新闻呢——《这是一个神奇的公式！ 28+1=1500 这是为什么呢？》你心里的小算盘也噼里啪啦算上了吧？是不是抓耳挠腮，百思不得其解？着急吗？你点开看啊，你以为你点开就能轻易看到是啥了吗？

点到最后一张图，你会发现，这居然是一个软文——5 月 20 日，万达集团计划在重庆总投资 1500 亿元，建设一个超大型万达文化旅游城和 28 个万达广场。

俗话说得好：话到嘴边留三分，犹抱琵琶半遮面。这不是装象，而是给别人思考与探知的时间，让别人也享受一下自我发现结果的乐趣。双方对一个话题都感兴趣，这样的交流质量才高呀。

同样，对于这种所谓的“软文”，尤其是与数字密切相关的软文，其实玩点数字游戏会更有趣。为啥呢，因为尽管人人都不是爱因斯坦，但是暗地里都觉得自己比霍金还牛，反正一个个那小算盘打得可响了。经过这样的设计，其实大家在满足自己好奇心的过程中，就记住了新闻事件本身，宣传目的也就达到了。

好了，案例讲完了，你会发现，即便是特别严肃的新闻，我们也想着法地去玩点花样，没办法，谁叫你们软文不爱看，就爱看硬货，而且对硬货还那么挑剔呢？不跟你们玩，还不被你们玩坏啊？连玩都不会，怎么能过好这一生？一定要想法把人给圈进来一起玩，你玩我，我玩你，玩玩更健康！对了，没事的时候学学养猪、养花、养鸟、喂鱼……粉丝口味那么刁，说不定哪天你就用上了。

我们是外貌协会的，所以死磕设计

导读

万达新媒体对视觉设计要求严苛是出了名的，不只“颜值”好看，创意还不能重样，H5 的体验也是杠杠的。

颜值要想好，这有一法宝！

首先是对微信头图的精心雕琢。万达新媒体对微信头图的要求主要有两点：一是吸引力，二是品牌记忆。

吸引力好理解，品牌记忆指什么？万达官微是万达集团的发声平台，这一属性要求其官微内容如同品牌宣传片一样，而大量精美的微信头图会让用户沉淀对品牌的深刻记忆。本着这两个基本原则，万达新媒体设计过如下微信头图。

【微信头图设计篇】

下页，微信头图一，中间是美轮美奂的“傣秀”舞台，帷幕渐渐拉开，寓意万达西双版纳国际度假区盛大开业。

微信头图一

图二，中秋节，百座万达广场千里连线寄相思，月亮上的 Logo 你认出来了吗？

微信头图二

图三，万达宣布收购世界铁人公司。万达 Logo、铁人元素都具有金属质感，以凸显铁人三项这项运动的精神特质。灰色基调大气、硬朗，加深读者的品牌记忆。

微信头图三

看着都很来劲吧？这些只是万达官微众多精美头图中的一小部分。头图设计要诀就是——鲜明，有张力，有深意，能引发共鸣。

除了头图，海报也很关键。**万达新媒体对海报设计的思考过程一般是这样的：内容主题→与品牌的结合点→与受众审美、需求的结合点→形成创意→创意视觉化→作品呈现。其中有两个必备“武器”：与品牌结合、快速反应。**你 get 到了吗？

【海报设计篇】

现以两组海报为例具体分析：

成都万达文化旅游城启动仪式海报

（一）2015 年 9 月 23 日，成都万达文化旅游城举行项目建设启动仪式，这是总投资 550 亿元，中国投资规模最大、水准最高的文化旅游项目。

这组海报到底好不好你说了算！**为了做到既有格调还有意义，我们是这么头脑风暴的：**

1. 锁定主要内容：成都万达城项目启动。

2. 挖掘品牌独特性：在万达文旅项目中的标志意义（万达集团在全国开工的第 10 个文化旅游项目），行业地位（中国投资规模最大、水准最高的文化旅游项目）。

3. 形成主题：万达为何把最好的项目给了它？

4. 寻找品牌与四川文化的共性：（1）万达城带去的“理想城”的概念，与奇幻的川剧“变脸”艺术——都是美的。（2）成都万达城在集团内以及行业地位，与国宝熊猫——都是珍贵的。（3）万达城致力于提供给消费者的服务，与四川火锅的麻辣体验——都是一流的。（4）王健林是四川籍企业家，与川人精神——都是坚韧不拔的。

这些元素之间的连接使得整组海报富有内涵、温情与视觉冲击力，因此得到广泛转发与好评。**其创意过程类似“思维导图”：以内容为起点，把与主题有关的元素进行细分，联想，组合，延展，充分发挥创造力。**

（二）2015 年 9 月 11 日，万达集团与河南省举行战略合作签约仪式，万达将投资河南省 1200 亿元，新建 16 个万达广场及文旅项目。

海报（见 140 页）走的是讲故事的情感路线。当万达集团有重大新闻发布时，新媒体从来不会发通稿，因为“这跟你没什么关系”。所以，你会发现，我们经常会通过走心的设计逼你不得不转。

1. 怎么找切入点？

由“历史”切入，从时代发展中引出本次战略合作的“新意”。

从河南尤其是郑州的商业历史考察，理清脉络。从合作历史来看，万达集团2010年进入河南投资，短短5年便已布局了7座万达广场，为河南商业注入了新的活力。从历史文化角度切入，也符合读者对河南的印象。于是，切入点找好，下一步就是怎么表现的问题了。

2. 怎么讲好故事？

这组海报的叙事视角很巧妙。万达新媒体在头脑风暴时对此还有过争论，认为如果采用历史宏大叙事，视觉和文案大气磅礴，挺“热闹”，但最后仍会出现“这和你有什么关系”的问题。所以，这组海报将视角落在“人”上，一个普通的郑州市民，以他的视角叙述“一代人的记忆”。

3. 怎么做好设计？

为了配合这样的叙事风格，画面从第一张的“泛黄”，到最后一张的“明丽”，画面的变化顺应故事的变化，也为故事烘托氛围。手绘风格平易近人，更容易激发读者的共鸣，也更容易还原一些现在已经见不到的特殊历史现场。

4. 怎么搭配文案？

海报下面配以一段温情脉脉的文字：

“这并不是一个虚构的故事，而是一段真实的历史，它永远刻在一代人的记忆里。今天，有这样一个消息，会让他们尘封的记忆苏醒，并焕发新的生机……就是它了！这个能给人们的生活与工作，带来安全感的地方，很快将与你发生关系。”

最后附上战略合作的“通稿”，一气呵成，无缝衔接。就是这样一组充满回忆的海报，这么一段舒缓的文字，“赚足”了读者的眼泪与好评。

（三）送你一台穿越回童年的时光机

这次先不给你们看图，咱先说创意。

1. 一个不植入品牌的“吸粉神器”

对于品牌传播和营销来说，节假日肯定会是一场“处心积虑”的战役。2015 年六一儿童节时，万达新媒体做了一个活动——“测试你的童年关键词”，没植入品牌，但见“粉丝滚滚来”。创意初衷主要有两点：

一是，节日策划要戳痛点。这次的“痛点”就是人们的怀旧情结。

二是，不是每一次策划都必须植入品牌，万达这次只做“情怀”，给粉丝一个回忆童年的机会和平台。活动期间，只要在万达官方微信回复 1~12 任意数字，就可以获得一个让你产生无限回忆的童年关键词。保证你看了以后，肯定会分享。这也正是万达君的“私心”。你想，玩的人多了，自然就会想知道这么有情怀的号是哪家，我一定要关注。所以，别急着露出品牌，制造一个隐形“吸粉神器”有时更讨巧。

2. 有情怀的海报怎么设计

思路有了，如何呈现？具体过程是这样的：

（1）定风格：走怀旧路线，用黑板报呈现，营造回忆氛围，触发分享欲。

（2）定关键词：这是最能产生共鸣的点，一定要找那些直击内心、与现实反差大、有故事性的关键词，比如纯真、时光、简单、无邪等等。

（3）定文案：一段走心的文案最能“勾人”了。比如，“生活那么忙，城市那么大，岁月是否为当年的你，那个无忧无虑的熊孩子，留了一个角落？”

当粉丝回复 1 ~ 12 任意数字，就可以获得一个童年关键词。弹出的图文中配以文艺范儿十足的“签语”。比如：

【时光】那一天我把沙包丢出去了，这一丢就是二十年。

【无邪】小时候，合上的作业本，再打开，都到了给儿子签字的年纪。

……

你的回忆分分钟袭来，有没有？

（4）定元素：童年的玩具、游戏、街景、动画片，一一原样呈现。

四步搞定，于是就有了下面的海报。嘘，给你几分钟，安静地看，眼泪掉下来。

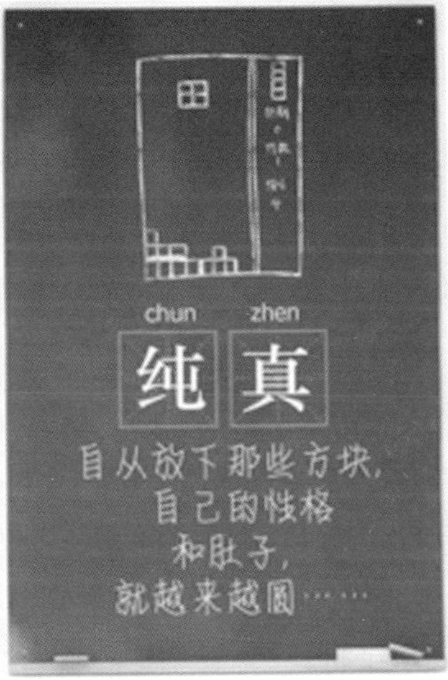
chun zhen
纯真
自从放下那些方块，
自己的性格
和肚子，
就越来越圆……

西
fang xiang
方向
小时候，
知道东南西北。
长大后，
却总也找不到北。

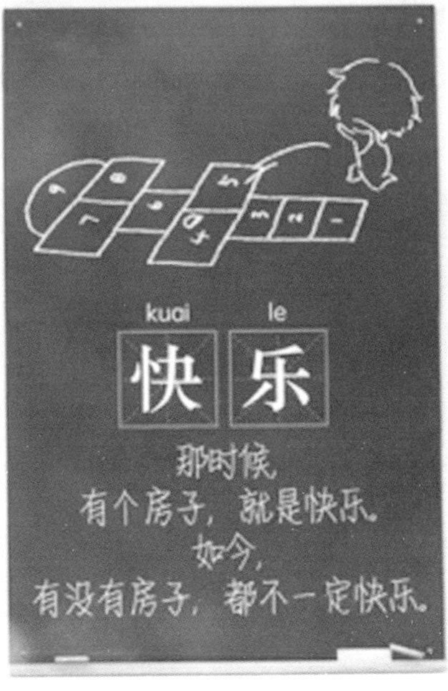
kuai le
快乐
那时候
有个房子，就是快乐。
如今，
有没有房子，都不一定快乐。

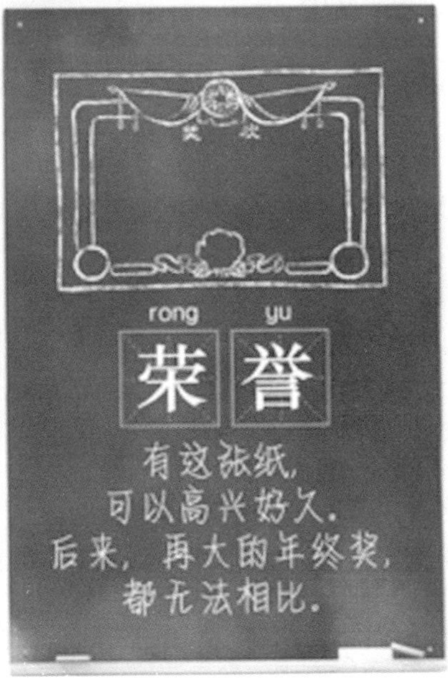
rong yu
荣誉
有这张纸，
可以高兴好久。
后来，再大的年终奖，
都无法相比。

【Html5 设计篇】

Html5 设计，我们这么玩

Html5（以下简称“H5”）作为朋友圈广泛传播的可交互内容，对新媒体来说是一个挑战，做好了会大放异彩，做 low 了连带对品牌都容易产生“差评”。因此，做 H5 要从创意、设计、交互体验各方面下狠功夫。

现以万达西双版纳国际度假区开业的 H5 为例进行分析。先扫一扫二维码，直观感受下。屏住呼吸，你将进入一神秘之境！极有可能会被催眠。

“万达西双版纳国际度假区”开业的 H5

怎么样？是不是真的被“催眠”了？

这个项目的创意是这样形成的。万达君奔赴一线，通过实地考察与调研，得出最直观也最深刻的感受——西双版纳国际度假区就是一个世外桃源。头脑风暴后，决定采用“催眠 · 梦幻”这一主题。**这个 H5 能得到疯传的原因主要有几点：**

画面美：制造亦真亦幻之感。

体验酷：整个 H5 围绕“梦境”展开，从被催眠进入了梦境，视野会随着手机左右轻移而看到不同的画面

交互赞：为了让梦更“奇幻”，当你点击画面中那些活泼的动物、美丽的植物，它们会叫、会动，互动感十足。

有高分享欲：做之前多问几句“人家凭什么分享”。这个项目就是让你做梦，再把你拉回现实，让你忍不住催眠小伙伴，也给

Ta 造个梦。

以上几点就是开发 H5 必备的技能：创意、设计、交互体验。任何好的经验都是实战出来的，所以，说了这么多，你为何不真正试一把，没准做得更好呢。

如何做出一张高格调的大片？学会这 7 点你也可以

导读

一张张堪比电影海报的惊艳头图都遵循了哪些制作规则？

你一定为了一个封面买过杂志。

你也一定因为某个设计特别抓人而爱上一张唱片。

当然，你一定以貌取人过。

这就是我们啊，来不及细细琢磨，匆匆一眼那美好的印象已经生根发芽……

这个稿子就是揭秘那些让你一见钟情的“美貌”背后的故事，对了，也就是我们的头图设计。头图有多重要，不需多言，只是往往一篇订阅号文章从出炉到发布只有短短的一上午甚至一个钟头的时间留给头图构思、构图和落实，所以往往会做简单化处理，那么在快速处理的同时，我们需要在宝贵的时间中抓住哪些点呢？

1. 色彩

头图的整体色调和对比能够反映出一篇文章所传达的情感。比如：2016 年 3 月 8 日头条。

这篇稿子是万达集团三八妇女节专题头条，一个粉色的万达，一改平时“蓝黑万达”的严肃、正统、商务范儿。我们降低色彩的对比，创造出和谐、微暖的配色环境，在阴影部分，放弃了默认的黑色阴影，使用和地面颜色近似的粉红色，以此避免脏色和撞色的产生。

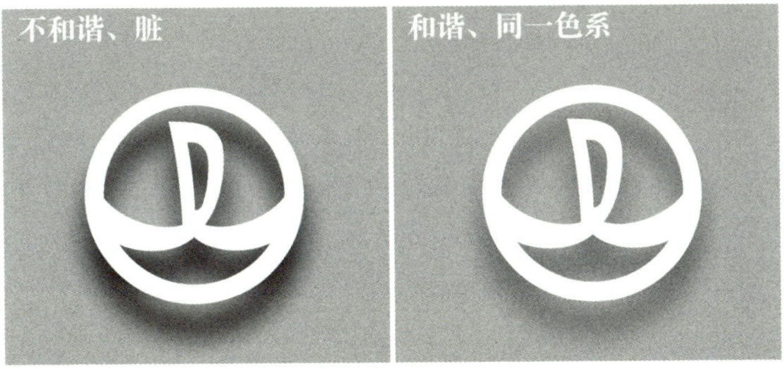

注意：采用不同阴影颜色对画面色彩的和谐程度有不同的影响。

2．图形

图形是头图的重点，应该能够满足引发联想，贴合文章内容，符合整体图片风格调性的特点。比如：2015年8月28日微信头条。

这篇稿子是万达集团一次招聘头条，黑白小人的子图形排列组成一个大的西装图形，打破单一图形的单调和单薄，并且突出万达的“团体”“职场”“团结”等特性。

又如2015年10月12日的头图，由于内容与“万达长白山度假区获得国内最高级度假区评级”有关，体现“第一名”的概念，因此将数字“1”图形化，作为视觉中心，同时分割冬夏两季照片拼接。

3．图片再加工

在图片的选择上，用对了图可以有效提升图片的整体品质。**通过内容筛选后，审视图片的色彩、质感、精细程度，统一、具有风格化色彩、质感出众的图片是我们的首选。**接下来的步骤是裁切，微信头图的比例是 9 ∶ 5，大多数图片比例为 3 ∶ 2 或者 4 ∶ 3，因此需要通过裁切或左右拓展来得到 9 ∶ 5 的图片比例，在裁切时，保留最重要内容，同时将主要内容避开下方 1/3 区域，避免被文字遮挡。另外，在二次加工时，可以将图形、文字内容与图片做出一定程度的交互，以此统一整个画面。

4．文字

头图在公众号文章中置于大标题后面，并不需要在头图中出现和标题重复的文字，我们更倾向于使用纯图形、图形化的文字或辅助渲染文章调性的简单文字，比如：2015 年 11 月 30 日的招聘头图，文字符合题意并且不重复标题内容“Hey hey you，Do you wanna be one of us?”采用疑问语气，既能点出招新主题，又能引起读者的兴趣。**此外，用文字组成图形，指向第二视觉中心——缺少人的西服套装，引发读者“虚位以待”的阅读联想。**

5．质感

质感是第二感觉，就是在阅读主要图形、色彩和文字内容同时进行感知的一种图片元素。**主要通过光影附着在材质上面的变化来体现质感。**

这篇稿子是万达第一次投资印度时我们做的报道，在图片中，我们对不同部分采取了不同的质感处理加强细微感官对比：金属质感的万达 Logo、稍软质感的文字、墙面凹凸质感的底纹以及丝绸质感的印度国旗色。

6. 营造氛围

这是2015年10月8日的微信头图，当天万达集团宣布收购WTC即世界铁人三项锦标赛的母公司世界铁人公司。我们的设计大侠通过将铁人三项运动的三项具体内容“水墨化”，结合“铁人”二字的书法字体来渲染出一种“中国”氛围，点出“铁人被中国收购”这一主题。

万达集团宣布收购WTC微信头图

7. 元素搭配

这是一幅义工活动的头图，元素的选择上，我们使用了代表帮扶的手、代表志愿者的蓝丝带、象征连接的蝴蝶结和万达的工牌吊绳的质感与Logo。为了统一这些纷繁的元素，我们使用了拟物化的手段将这些元素“放置”于符合我们认知的木质桌面上。

这是一篇介绍在万达酒店失而复得一枚纽扣的文章，由取自文章中的几个主要元素组成：万达 Logo、西装、纽扣、长途跋涉。我们将万达的 Logo 和纽扣做了路线连接，象征纽扣走过的路程。金属质感的 Logo 和取自旁边纽扣的阴影被统一在同一风格中。

今天谈论的所有这些，其实就说了一个词：包装（Package）。

在世界上可以售卖的任何商品中，Package 绝对是吸引人关注的“门面”。在新媒体运维中，它其实是跟标题同等重要的，因为人们都是视觉动物啊。一切在消费者买单之前对于你的产品产生的印象，都是由包装的质量决定的；一切粉丝点开你的内容之前的印象，也是由你的头图的质量所决定的。

你得把人吸引过来，你才能展示你美好的内涵啊。你去相亲，没错，你是高富帅且人品爆棚，你去见人家女孩穿得破破烂烂，不修边幅然后“三脚踹不出个屁”，你还想把姑娘带回家，你咋不上天呢？你得捯饬下，然后包装下自己的谈吐，才能让人家对你第一印象有好感对不对？

你要到达到你的目的，即传播最大化，学会“包装”是第一关，请先去修炼，拜拜。

六、

如何获得 1 亿粉丝

国内头一份！万达新媒体联盟到底是个啥？

导读

新趋势每天都有，没啥可恐慌的，要想方设法、没有机会创造机会与之发生关系。

2015 年，凯文·凯利又做了一个预测，他说，“按需经济会创造出各行各业的 Uber，这就是接下来的 20 年里会发生的事情”。其实，这次，他的预测有些晚了。

Uber、滴滴打车早已悄悄走进并改变了我们的生活。看着这些新事物带给我们生活的变化，你难免会感叹：哎哟妈呀，还可以这么玩！

人们把这种商业模式称之为“共享经济”。啥是共享经济？它能让我减肥吗？能让我升官发财吗？跟我有一毛钱的关系吗？它到底会在哪些方面深度影响我们的工作、生活，会在哪些方面让我们好看呢？做新媒体的能否借力“共享经济”让它为我所用呢……别否认，你肯定思索过这样一连串的问题。

大家回忆下，新媒体最初是如何涨粉的？你是不是拉个群，整几个“臭味相投”的大号，有个组织者吆喝一嗓子，让大家把二维码、公众号简介集纳，然后按照粉丝数进行排序，制成一个模板，然后所有号同时发布这条信息，不但帮助别人，自己也能涨粉……仔细想想，这好像也能看到“共享经济”的影子！“共享经济”的本质不就是互助和互利吗？

但是要进行更深层次传播、涨更多高质量的粉丝，只进行这种层面的互推是远远不够的！那该用什么方式来实现传播最大化呢？

1. 如何跟新趋势新事物发生关系？

其实一开始，我们也是“摸着石头过河”，比如 2015 年母亲节时，我们联合万达内部系统的几个大号一起做了个“母亲节快乐，我在万达挺好的”活动。从策划到拍摄再到推广，仅用了半天时间，最后大家一起发，效果也特别好。我们第一次尝到了拧成一股绳干事的甜头。

但是，真正让我们对新媒体联盟这件事动了心思，还是源于万达、万科那次世纪大合作—— 2015 年 5 月 14 日，万达和万科在北京签订战略合作框架协议，双方宣布建立战略合作关系，计划在国内外项目开展深度合作。这次强强联合，瞬间引爆了舆论。为什么？因为一直有“南万科，北万达”的说法，两家顶级企业联手，要干什么？会发生什么？大家都猜不透啊。消息刚出，万达一个地方系统的新媒体做了这样一个海报。

太惊艳，太切题有木（没）有？换了你是不是也会想看看大家的脑洞到底大到什么程度，想看看还会有怎样的海报对不对？于是，我们就号召全集团的所有新媒体行动起来，半天过后，我们被惊艳得不要不要的。

后来，很多企业纷纷效仿。一个合作的新闻，通过这样的策划，演变成了一个热点事件。合作的力量让我们拍案而起：不行，我们必须干票大的！

以此事为契机，我们开始酝酿成立一个能把万达集团所有账号汇聚在一起，大家能资源共享，并充分利用闲置资源，集中力量传播重要新闻的组织。其实，这不就是新媒体当中的"共享经济"应有的样子吗？

2. 干了一票大的！是这么干的……

在酝酿半年之后……当然我们这半年也没闲着，对于模式的摸索，还有众多新媒体账号的统计、调研，还有关于成立一个新的组织可行性的分析……总之，我们没闲着。

2015年11月22日，那是一个初雪降临的日子，没有炸鸡、啤酒，国内首家企业级新媒体联盟"万达新媒体联盟"成立！

一时间，各方震惊！无论是文化产业、旅游产业，还是房地产业、媒体行业，都对这个消息保持了高度关注。很多朋友为此专门打电话过来，咨询万达成立这个联盟到底是要做什么。这是一个什么组织？

看一组数据——它是国内最大的企业自媒体，涵盖万达集团及下属系统共451个微信号，粉丝超过2000万人；微博账号404个，粉丝共2594万人。

那时，这一量级，已超过了中国最大的微信订阅号"微信路况”；相当于社群规模最大的订阅号“罗辑思维”的 3 倍之多。同时，覆盖 38577 名员工的 510 个微信群，相当于有着 100 万粉丝量的订阅号的平均阅读量……

这么大的量，这么多的号，该如何管理？如何能确保它们行动一致？

先说怎么管理！为了取得高质、高效的联动效果，新媒体联盟特别设置了联盟理事会作为常设机构，负责联盟的统筹、运营，每年召开一次新媒体联盟大会，每半年召开一次新媒体联盟常务理事会。这是一个总控部门，但是每个系统有着充分自由的操作权，平时，你自己爱干吗干吗，但有重大任务时，必须听指挥。

组织有了，管理机制也有了，那么如何行动呢？

根据传播内容的重大性、策划水准和影响范围等因素，万达新媒体联盟确定三级响应机制，按照事件和新闻重要性，部署相应量级和规模的账号进行联动。

新媒体联盟不仅仅是为了传播，更重要的一个层面是利用大家的闲置资源，更好地互惠互利。所以，我们专门开发了一个新的运营平台——“万达新媒体联盟”微信服务号。这可不是一个普通的服务号，而是一个大平台！里面的玄机太多了……

3. 线上线下如何玩转“共享”？

新媒体联盟内容交换平台到底是用来干吗的？

说得假大空一点就是：它是本着为内部服务的宗旨，集结联盟内所有微信号，做到“互通有无”“联合行动”。说得实在点，就是通过这一平台，各子账号可以进行联动发布、内容互推和营销案例分享，其他微信号也能在第一时间看到推送并做出反馈。

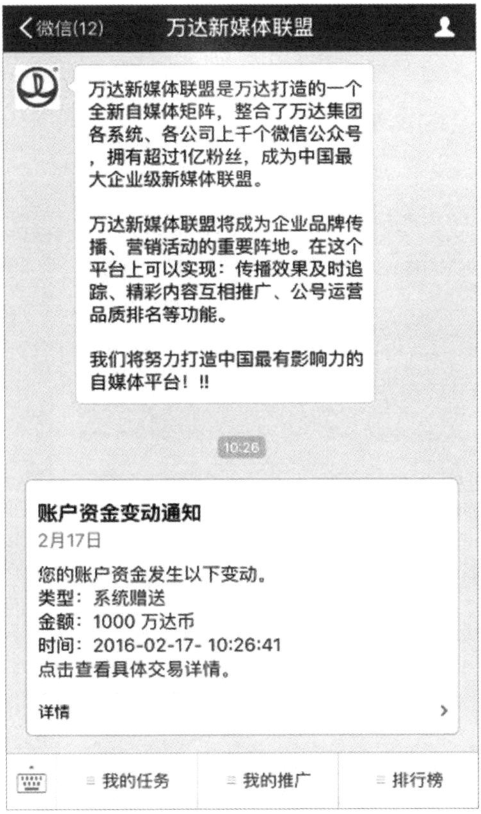

每个号都有1000个初始万达币

看了右图，眼尖的你或许发现了“万达币”，这是啥?

这是为了杜绝内部刷脸、公平竞稿、发稿，专门设定的、内部通用的、虚拟的“货币”。每个号都有1000个初始万达币，发布一次任务，就要花50个万达币，当然你领取一次任务就挣50个万达币。如果你总是要求别人发稿，那你的万达币越来越少，只能去领取任务让你的钱保持均衡。发现了吗？这其实营造了一个既能竞争又能良性循环的氛围。你猜，万达官微现在的万达币是多少?

很多时候，做品牌宣传的都知道，很多时候找了大号，花了钱，但是对它的考核只能是阅读数点赞数这些数据，但你别忘了，这个量是可以刷的，勤劳智慧的国人还有啥做不到的？我们这个平台，自带传播监测功能，每一个微信号的文章的发布和传播情况，都纳入监测，绘制传播图谱。而且，你刷去呗，没用！这个系统能自动发现异常并预警。**我们也想过，等时机成熟，就把这个技术推广给大家，谁要谁举手。**

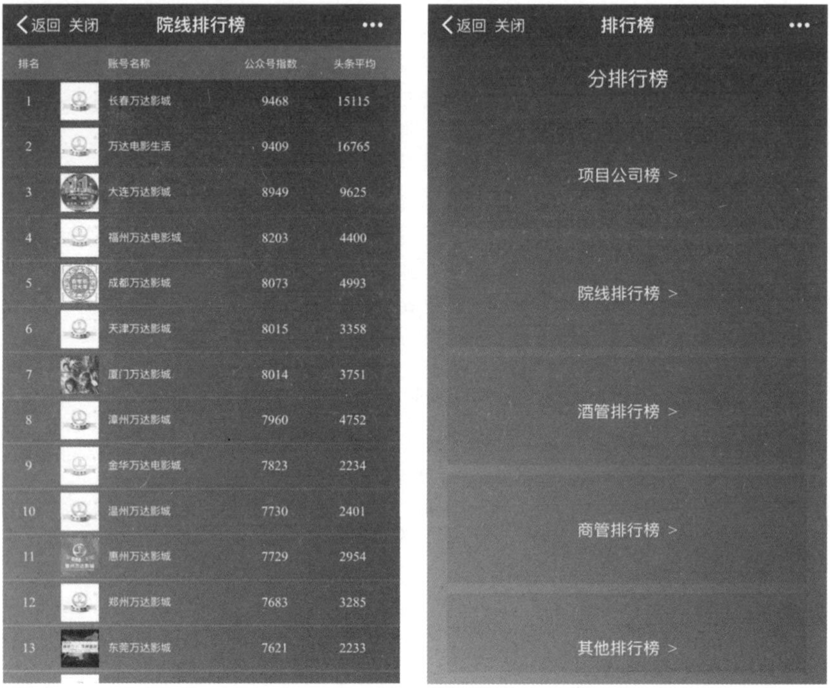

新媒体联盟内容交换平台的“排行榜”版块

你会问了，你们酝酿多时，成立个联盟，还弄了个平台，这么大阵仗，效果咋样呢？举个例子——

2016年，西双版纳，风和日丽，空气清新，万达年会召开。王健林如同往年一样，作了一个满载着成绩以及厚望的报告。工作报告一出，官方新媒体迅速做出反应，订阅号服务号两个号瞬间引爆，总阅读数迅速飙升至近百万。两个号的威力如此，我们如此多的大号要是联合起来会有怎样的效果呢？

于是趁着热乎劲，我们启动“一级响应”，内外联动，一齐发力。效果怎么样，虽然没有王健林那首风靡全球的《假行僧》那么火爆，但至少你知道了万达今年有啥成绩明年要干吗了，这就达到目的了。

4. 如何与别人共舞？1 个联盟，100 个大 V，1.5 亿粉丝

2016 年 9 月 25 日，在合肥万达城，又有一场颠覆新媒体生态的峰会召开。**万达新媒体矩阵、100 位微信自媒体大咖亲临，见证一个覆盖 1.5 亿粉丝的联盟诞生——“万达自媒体联盟成立大会”在合肥万达城召开。**

这是万达新媒体联盟的升级之作。

万达自媒体联盟成立大会

万达集团代表、100家微信公众号自媒体、企鹅号等六大自媒体平台代表、联想控股等企业代表出席峰会。会上，万达集团和100家社会化自媒体宣布成立万达自媒体联盟；万达集团旗下公司600家自媒体集体入驻企鹅号等六大自媒体平台；万达等9家企业共同发表《企业自媒体合肥宣言》。这标志着万达自媒体传播进入新阶段，由自身能力建设为主向着社会化整合、平台化应用的新模式发展，将对企业与自媒体生态产生重要而积极的影响。

为什么要做这样一个论坛，万达新媒体掌舵者现身说法，“我们就是想在这个领域做出一些非常有力的探索”，具体的有以下三个原因：

第一个原因，万达需要新媒体，而我们的新媒体已经做到了4.0时代。从微博到微信，从自身发力到集全集团新媒体之力，再到联合外部大号形成合力，目前到了万达集团旗下600个账号集体入驻六大自媒体平台，“这让我们又进入到一个全新的发展平台上，这里会有更多更新的空间。”

第二个原因，像万达一样的所有企业都需要新媒体。万达愿意作为先行者，努力探索、创新企业和自媒体合作新模式。

第三个原因，为自媒体的良性发展，打造一个全新的平台，或者说打造一个全新的媒体生态，让自媒体能够得到更加良性的发展，让企业的宣传达到最大化，这就是这个自媒体峰会的一个根本目的。

上面说的呢，就是我们在新媒体探索路上的一个小小的创新与尝试，虽然看起来这跟“共享经济”并不搭界，但是，它们的本质是一样的——互惠互利，共同进步，甚至共同发财。看，把精髓学过来用于自己的创新，这也未尝不是一个好的方法啊。

新的趋势出现时，你该以一个怎样的姿态面对它呢？恐慌还是兴奋？我觉得你应该勇敢，不要畏惧出现的任何一个新事物，而是绞尽脑汁地去融入、参与其中，因为任何新事物，都会让我们有介入的可能性，只要你对未来保持好奇。